벤 샤피로의 글은 재치 있고 설득력 있으며 정보가 풍부하다. 조숙하면서도, 그 나이 청년다운 패기와 신선함으로 가득하다.
— 앤 콜터(베스트셀러 작가, *High Crimes and Misdemeanors, Slander, Treason* 등)

신세대 활동가들을 대변하는 우렁찬 새 목소리! 강추필독.
— 휴 휴이트(방송인, *In, But Not Of* 저자)

대학이라는 짐승의 뱃속을 까발리는 책.
— 데이비드 호로위츠(Students for Academic Freedom 창립자, *Radical Son, Left Illusions* 저자)

온 미국인의 정신을 번쩍 들게 하는 샤피로의 외침은 우리의 대학을 접수하려는 좌파들의 책동을 더없이 자세하게 그려 내고 있다.
— 로버트 스펜서(Jihad Watch 대표, *Onward Muslim Soldiers, Islam Unveiled* 저자)

대학에 입학하는 사람들은 이 책을 읽고 정신 차리고, 유권자와 동문들은 이 책을 읽고 행동에 나서자.
— 마빈 올래스키(텍사스대 교수, *World*지 주간)

얼간이 마르크스주의자, 도덕적 상대주의자, 광신적 다문화주의자, 혐미주의자들이 젊은 영혼들을 오염시키는 곳 ―『세뇌』는 대학의 부끄러운 자화상을 내부자 시각으로 낱낱이 들춰내 준다. 장막을 걷자! 이 책을 읽자!
— 미첼 말킨(독립 칼럼니스트, *Invasion* 저자)

대학의 진실을 말해 주는 책! 대학생 자녀를 둔 부모들이라면 반드시 읽어 보고, 우리가 열심히 번 돈이 어떤 데 쓰이는지 똑똑히 알아야 할 것이다.
— 마이클 배론(전 *US News & World Report* 선임기자, *The Almanac of American Politics* 공저자)

벤 샤피로는 직접 그 안을 겪어 본 사람만의 재치 있는 필치로, 전체주의적인 사고가 속속들이 스며들어 토론의 장을 압살하는 대학의 실상을 생생히 그려 낸다.
— 암스트롱 윌리엄스(칼럼니스트)

*Animal House*가 일그러진 파티 문화를 고발하여 전 미국을 행동에 나서게 했듯, 『세뇌』는 학내 급진주의를 고발함으로써 전 미국인의 저항을 촉구한다.
— 러스티 험프리스(방송인)

보았노라! 해냈노라! 오늘날 미국 대학에서 행해지고 있는 세뇌공작의 실상을 벤이 정확하게 짚어 냈다.
— 앤드루 브라이트바트(*Hollywood Interrupted* 공저자)

샤피로의 펜은 면도날을 닮았다. 그의 펜 끝은 교수들을 직접 겨냥한다.
— 질 스튜어트(*Capitol Punishment* 칼럼니스트, 정치평론가)

벤 샤피로의 용기와 통찰은 우리의 젊은이들에게 희망이 남아 있다는 긍정적인 신호다.
— 마이클 메드베드(방송인, *Hollywood vs. America* 저자)

미국에서 가장 젊은 칼럼니스트, 재치와 열정을 겸비한 벤 샤피로 — 대학의 실상을 1인칭으로 고발하다!
— 대니얼 파이프스(*Campus Watch* 창립인, *New York Sun* 칼럼니스트)

이런 반짝반짝 빛나는 책을 갓 스물 대학생이 썼다니!
— 배리 파버(방송인)

**벤 샤피로의**
# 세뇌 Brainwashed

미국 대학은 어떻게 좌경화되고 있는가

# 벤 샤피로의
# 세뇌 Brainwashed

미국 대학은 어떻게 좌경화되고 있는가

벤 샤피로 저
이 남 규 역

기파랑

옳고 그름의 차이를 가르쳐주시고

거짓과 대결할 힘을 주신


부모님께

# (영어판) 발행인의 말

데이비드 던햄

(WND 출판사 대표)

미국 대학이 이상하다. 교수들은 지위를 이용하여 학생들을 의식화하고, 대학교육의 고전적 가치인 자유주의가 현대판 리버럴이라는 저질 사고방식에 밀려나고 있다.

우리 WND출판사가 이 같은 타락상을 폭로하려는 데에는 약간의 난관이 있다. 저자 벤 샤피로가 공격적인 주제를 다루면서, 문제를 있는 그대로 드러내기 위해 자료들을 가공하지 않은 채 그대로 인용하기 때문이다. 출판사들은 편집방침에 위배된다는 이유로 이런 종류의 책을 내기를 꺼린다. 그러나 이 책의 경우, 한 가지 단순하고도 중대한 이유 때문에 우리는 이 일을 맡았다. 학생들이 실제로 어떤 일에 몰두하고 있는지 알기 위해서는, 실제로 어떤 일들이 벌어지고 있는지 알아야 한다는 것이다.

이 책을 내는 것은 호사가적 흥미에 호소하려는 것이 아니다. 학생들, 부모들, 그리고 대학 시스템에 관심을 가지고 있는 사람들에게, 작금의 대학으로부터 무엇을 기대할 수 있는지 좀 더 완벽한 정보와 조언을 제공하기 위해서다.

# 이 청년을 보라

데이비드 림보
(정치평론가)

살아오면서 얻은 지식, 통찰, 경험을 고스란히 가지고서 다시 십대나 대학생 생활을 할 수 있다면 얼마나 재미있을까 하는 것은 나 자신을 포함해 사람들이 수도 없이 하는 이야기이다. 물론 허황된 환상이지만, 벤 샤피로를 알고 나서 지난 수년 나는 바로 그런 생각을 다시 가지게 되었다.

나는 나이에 비해 조숙하고 재기 넘치는 젊은이들을 많이 만나 보았지만, 벤처럼 지적으로 성숙하고 통찰력 있는 젊은이는 본 적이 없다. 진부한 표현이지만 벤은 자기 나이를 훌쩍 뛰어넘는 지혜의 소유자다. 대학문화를 파헤치는 그의 책은 그래서 어디에도 견줄 수 없다.

이런 종류의 책은 통상 대학교수나 아니면 대학 시스템 밖에 있는 사람들이 쓰게 마련이다. 그와 달리 이 책은 지금 현재 아카데미의 의식화 현장의 희생자가 되어 있는 사람이 손수 쓰는 '내부자 고발'이다. 그러나 벤의 접근은 공부에 열중하느라 다른 문제들에는 눈을 감는 대학생의 시각에 국한되어 있지 않다. 그는 이미 전국적인 독자망을 가진 칼럼을 쓰고 있는 예리한 정치분석가이고, 문화비평가이기도 하다. 그래서 『세뇌』를 통해 우리는 좌파와 속물적 세계관의 이념적 선전도구로 전락한 대학에 대한 정교하고도 직접적인 비판을 볼 수 있다. 그리고 이 책은 오늘날의 아카데미를 보며 우리가 가질 수 있는 최악의 우려가 현실임을 확인시켜 준다.

이 책은 미국 대학 캠퍼스에서 벌어지고 있는 모든 주요 문제와 대학생활의 모든 주요 측면을 주제별로 다루고 있으며, 교수들의 적나라한 리버럴적 편견을 설득력 있게 고발하고, 교수들의 편견은 개인적일 것일 뿐 강단에서의 활동은 다를 것이라는 통념을 여지없이 무너뜨린다. 이 편견은 역사적으로 이 나라에 깊이 뿌리박고 있으며, 점점 더 무섭게 자라나고 있다. 공화당이 2000년 대선에서 대통령 자리를 훔쳤다거나, 부자 감세를 추진하고 노령자 사회보장 혜택을 빼앗고 우리의 공기와 물을 오염시킨다며 비난하고, 다른 한편으로 실패한 마르크스주의를 찬양하며 자본주의를 헐뜯는 등, 편견은 전 영역에 걸쳐 있다. 그뿐만이 아니다. 성적인 일탈을 교수들이 조장하고, 용서할 수 없는 테러리즘까지도 정당화하는 충격적인 모습들까지 저자는 파헤치고 있다.

샤피로는 그런 편견을 단순히 까발리는 데 그치지 않는

다. 탄탄한 데이터와 합리적인 논증을 통해, 이데올로기의 노예가 되어 객관적인 분석을 하지 못하는 교수들이 전파하고 있는 신화와 왜곡의 실태를 낱낱이 폭로하고 있다. 일례로 대부분의 경제학자들이 일자리가 줄어든다는 이유로 반대하는 최저임금법을, 교수들은 빈곤층에 도움이 된다며 맹목적으로 지지한다는 사실 같은 것들이다.

샤피로가 보여 주듯 정치 및 사회과학 분야뿐만 아니라 다른 분야의 교수들조차 대부분 균형 잡힌 조망을 제시하려 하지 않는다. 학생들의 시각을 왜곡시키는 것이 마치 그들 사명의 일부라도 되는 것인 양 행동하는 경우가 비일비재하다. 그리고 그들은 얼핏 성공하고 있는 것처럼 보인다. 샤피로는 여론조사와 출구조사 자료를 인용하여, 대학에 갓 입학할 때는 스스로 보수라고 밝히는 비율보다 리버럴이라고 자처하는 비율이 약간 우세한 정도이던 것이, 고학년이 되어 가며 그 격차가 크게 벌어지고 있음을 지적한다.

학생들의 세뇌는 강의실을 넘어서, 등록금으로 지원을 받는 학내 미디어와 학생단체들을 통해서까지 이루어진다. 이들은 그 자체가 좌파 교수들의 의식화 도구가 되기 일쑤다. 좌파는 인종과 민족의 다양성을 찬양하면서도, 좌파 사상만이 전파할 가치가 있다고 단정함으로써 사상의 다양성에는 적극적으로 반대한다. 열린 탐구를 위한 분위기를 조성한다는 교육의 이상은 리버럴이라는 단일 아젠다에 밀려 암암리에 조롱받고 있다.

독단적인 좌파적 편견의 희생물은 학문의 온전성만이 아니다. 학계가 포스트모더니즘의 도덕적 상대주의를 전폭적으로 받아들이는 혼란스러운 경향 때문에, 진실 자체가 희생물이 되어 버렸다. 절대적인 도덕적 가치를 단호하게 거부하는 것이 지배적인 도그마가 되어 있는 상황에서, 전통적인 가치에서 흘러나오는 사상이 어떻게 정당한 대접을 받을 수 있겠는가? 진실조차 '권력으로 정의되는 사회적 구성물'이라고 가르치는 대학의 분위기 속에서 학생들이 현실을 제대로 파악하기를 어떻게 기대할 수 있겠는가? 그런데도 샤피로가 보여 주듯 절대적 도덕성에 대한 공격이야말로 좌파가 추진하는 모든 세뇌 계획의 기초이다.

대학이라는 조직이 우리의 젊은이들로 하여금 '중립적이거나 객관적인 주장 같은 것은 없다'거나, 정치적 보수주의자나 '대기업'을 제외하고는 악惡이란 애당초 존재하지 않는다고 믿도록 훈련시키고 있다는 사실을 알고 나면 우리는 전율하지 않을 수 없다. 선천적 장애아를 살해하는 것이 도덕적이라고 주장하는 프린스턴대학교의 저명한 교수 하나가 조롱받거나 배척당하기는커녕 찬사를 받는 현실에서, 우리의 캠퍼스 문화가 어딘가 크게 잘못되어 있다는 사실을 깨닫지 않을 수 없다. 오늘의 학생들은 내일의 지도자가 될 것이므로, 이렇게 왜곡된 시각은 이 나라의 미래에 심대한 악영향을 끼치지 않을 수 없다.

이같이 암담하게 상황을 그려 내면서도 샤피로의 결론은 비관적인 논조에 머물지 않는다. 이 복잡다단한 문제를 풀어 낼 다각적인 전략의 일환으로 그는, '3단계 실행계획'으로써 수많은 실질적인 해결책들을 내놓는다. 『세뇌』는 오늘날 미국의 모든 부모, 학생, 그리고 자유를 사랑하는 모든 이들이 관심을 가져야 할 심각한 문제를 착실하게, 참여를 통해 치유할 묘책이다.

# 차례

# 들어가며

"우리의 강의실에서 의식화를 추방해야 한다. 의식화는 교육이 아니다."[1]

– 로버트 M. 버달(UC버클리 총장)

## 편견과 의식화의 온상

교육에 관심 있는 사람이라면 반드시 알아야 할 일, 대학은 리버럴의 교리로 학생들을 세뇌시키는 곳이다. 배우고 싶어 대학에 온 젊고 열린 마음의 학생들은 대학 4년이 지나면 리버럴의 전위가 되어 민주당의 노선을 앵무새처럼 읊조린다. 그나마 온건하다는 학생들이 그 정도이고, 더 많은 학생들은 졸업할 무렵이 되면 낡은 신화가 돼 버린 마르크시즘의 추종자가 되어 '미국의 인종주의'를 증오하는 게 보통이다.

인종과 환경 문제로부터 종교와 섹스, 테러와의 전쟁과

아랍—이스라엘 분쟁에 이르기까지, 대학은 끊임없이 리버럴의 시각을 학생들에게 강요한다. 대학이 미국의 젊은이들을 의식화하는 온상이 되어 버린 것이다.

교수들의 압도적인 다수가 좌파라는 것은 논쟁의 여지가 없는 사실이다. 아이비리그 대학의 교양 및 사회과학 분야 교수와 교직원을 대상으로 한 조사에서, 2000년 대통령 선거 때 민주당의 앨 고어를 지지한 사람이 84퍼센트, 조지 W. 부시를 찍은 사람은 9퍼센트로 나타났다. 스스로 민주당원이라고 밝힌 사람이 57퍼센트인 반면, 공화당원은 3퍼센트에 불과했다.[2]

교수들이 특정 노선을 개인적으로 지지하고, 미디어 출연이나 기고를 통해 특정 노선을 편드는 것과, 강의실에서 학생을 가르치는 것은 별개라고 주장하는 사람도 있다. 설령 교수가 리버럴이라 해도, 강의에서는 균형을 잡는다는 것이다. 새빨간 거짓말이다. 주류 미디어뿐 아니라 교육 현장도 온통 리버럴이 장악하고 있다. 미디어에서 벌어지고 있는 것과 마찬가지로 학내에서도 리버럴의 편견은 현실이고, 그 영향력은 막강하다.

드러내 놓고 이를 시인하는 좌파가 더 많다. 미국대학교수협회 사무총장 메리 버간은 교수의 개인적 신념이 강의에 반영되지 않는 것은 불가능하다고 한다. "강의에서 교수의 임무는, 여러 관점들 가운데 어느 편에 서야 할지를 결정해 주는 일"이라는 것이다. UC샌디에이고의 린다 브로드키 교수도 "양측의 이야기를 다 가르칠 필요는 없다"고 한다. 이 학교 교무처장 데이비드 조든 교수는 한 술 더 뜬다. "내가 왜 스스로 동의하지도 않는 견해를 학생들에게 가르쳐야 하는가?"[3]

대학생들은 캠퍼스에 발을 들여놓은 순간부터 떠나는 그 순간까지 교수들의 이런 편견에 무방비로 노출된다. 그 결과는 끔찍하다. 2001년 가을학기 4년제 대학 신입생들을 대상으로 한 조사에서, 29.9퍼센트는 자신의 정치적 성향이 '리버럴' 또는 '극좌'라고 응답했고, 20.7퍼센트는 '보수' 또는 '극우'라고 밝혔다.[4] 신입생 때 좌와 우 사이에 10퍼센트포인트의 격차가 존재하는 것이다. 그러나 상급반으로 올라가면서 이 격차는 50포인트 이상으로까지 벌어지기 일쑤다. 2000년 대통령선거 때 UCLA 대학신문인 〈데일리 브루인(UCLA Daily Bruin)〉이 실시한 비공식 출구조사가 이를 입증한다. 앨 고어에 투표한 학생이 71퍼센트, 3위 랠프 네이더 9퍼센트, 부시는 20퍼센트로, 좌 80 대 우 20이었다 (2000년 11월 8일자). 캠퍼스는 좌파의 근거 없는 주장들을 앵무새처럼 되풀이하는 학생들의 소굴이다.

## 호랑이 굴로

이것은 내 자신의 경험을 통해 알게 된 것이다. 나는 열여섯 살에 UCLA 정치학과에 입학해, 수업을 듣고 학교 생활을 하며 캠퍼스에서 일상처럼 벌어지는 좌파의 세뇌공작을 내 눈으로 직접 목격할 수 있었다.

학내 의식화는 교수에 의해, 강의실에서만 이루어지는 것도 아니다. UCLA를 비롯한 미국 모든 대학에서, 대학신문을 비롯한 학내 미디어는 학생집단의 입장을 형성하는 데 중요한 역할을 한다. 나도 〈데일리 브루인〉에 무급으로 칼럼을 기고했는데, 〈데일리 브루인〉이 이슬람 공동체를 부당하고도 과도하게 지지하는 구조적 편견을 갖고 있다고 폭로하는 글을 쓰자 신문은 나를 쫓아냈다.

학내 동아리(서클)들도 등록금으로 지원을 받아 가며 천편일률적인 좌파의 세계관을 선전하는 홍보물을 뿌린다. 학내 미디어와 동아리들은 교수들의 학생 세뇌에 동원되는 하수인들이다. UCLA만 해도 교수들이 〈데일리 브루인〉을 비롯한 학내 미디어에 기고하거나 인터뷰에 응하고, 동아리들이 조직하고 후원하는 행사에 연사로 참석하는 것이 일상화되어 있다. 자기 전공 분야와 직접 관련 없는 다양한 정치적 주제들에 대해 교수들은 전문가처럼 행세하곤 한다. UCLA뿐 아니라 미국 전역의 대학에서 이런 일이 벌어진다.

모든 교수들이 '마르크스님의 좌편'에 있는 것은 아니다. 나의 〈데일리 브루인〉 칼럼이나 전국 신디케이트 칼럼을 극찬해 준 편지들 중에는 교수들이 보낸 것도 있다. 〈데일리 브루인〉에 칼럼을 하나 쓰고 나서 교직원 한 분으로부터 지지하는 이메일을 받은 적이 있다. 나는 감사의 답장을 보내면서, 편지 내용을 〈데일리 브루인〉에 소개해도 되겠느냐고 물었다. 이런 답신이 돌아왔다. "나는 이 학교 직원이자 세 아이의 아버지로서, 나의 견해를 솔직하게 피력함으로써 입을지도 모르는 잠재적 피해를 감당할 자신이 없습니다. (…) 안타깝지만, 교직원이 생업인 우리에게 표현의 자유란 커리어의 자살행위입니다"(2001년 4월 3일 이메일).

대학에서 허용되는 다양성은 피부색과 출신국과 성적 지향(섹슈앨리티)의 다양성뿐이다. 대학에서 허용되는 사상과 표현과 언론의 자유는 '좌에서 극좌까지'만이다. 하버드대 헤더 K. 거켄 교수는 "교수진이 지금처럼 리버럴 일색이라면, 학생들은 균형 잡힌 세계관을 가질 수 없게 되어 최후에는 리버럴과 래디컬(급진주의자)만 남을 것"이라 개탄한다.[5]

배우려고 입학한 젊은이들이 한쪽으로 치우친 얘기만 배

우고 졸업하고, 이런 좌파 전체주의에 저항하는 사람들은 회유나 협박을 받는 곳 — 이 책은 지금부터 이런 대학의 세계를 파헤치려 한다. 좌파의 호랑이 굴에서 살아 나온 나와 같은 사람들의 뜻을 모아, 21세기 미국이 직면한 가장 중대한 문제 중 하나인 '청춘 세뇌'와의 전쟁을 선포한다.

# 제1장

# 강의실에 도덕은 없다

## 절대악은 없다는 교수들

2001년 겨울학기, 조슈아 멀다빈 교수가 가르치는 '지리학 5' 수업에서의 일이다. 학기 초였는데, 교수는 절대적 진리(칠판에 'Truth'라고 첫 글자를 대문자로 쓰며)도, 중립적이고 객관적인 주장 같은 것도 존재하지 않는다고 설명했다(1월 16일 강의). 우리는 주관적인 존재들이며, 옳고 그름이나 선과 악 같은 우리의 모든 가치는 주관적이고 상대적일 수밖에 없음을 한시도 잊어서는 안 된다는 것이었다.

악이 존재하지 않는다고? 강간에는 다 이유가 있을 테니 악이 아니라고? 장애를 안고 태어난 아기를 죽여도 악이 아니라고? 민간인들을 살상할 목적으로 비행기를 몰고 빌딩에 돌진하는 것이 악이 아니라고? 멀다빈 교수에 의하면, 악이 아니다.

빌 클린턴 대통령의 섹스스캔들 관련 위증에 대해, 하버드대 올란도 패터슨 교수는 〈짐 레러의 뉴스아워(NewsHour with Jim Lehrer)〉에 출연해 이런 말을 했다. "우리의 도덕적 전제에 절대적인 것이란 없습니다. 위증이란 절대적인 것이 아닙니다. 절대적인 규칙이 없어요"(1998년 9월 30일). 일리노이대-시카고의 스탠리 피셔 교수는 〈뉴욕타임스〉 기고에서 "상대주의는 '진지한 사고'의 딴이름"이라며, 상대주의의 이름으로 미국인들이 9·11테러를 이해해야 한다고 주장했다.[1] 같은 글에서 피시는 미국인들이 9·11 테러리스트를 '이해'하고 '거짓 보편주의'를 단죄해야 한다고 촉구했다. 얼마나 교묘하고 우스꽝스러운 소리인가.

이것이 전형적인 대학교수들의 모습이다. 2002년 전국학자협회(National Association of Scholars, NAS)와 조그비연구소(Zogby Poll)가 공동으로 실시한 여론조사에서, 대학 강의실이 이런 상대주의의 도그마에 심각하게 오염되어 있음이 드러났다. 조사는 대학 졸업반 401명을 무작위 추출해, '교수들이 윤리와 관련해 어떤 발언을 가장 많이 했느냐' 물었다. '무엇이 옳고 그른지는 개인적 가치와 문화적 다양성에 달렸다고 말했다' 73퍼센트, '옳고 그름에는 명확하고 일관된 기준이 있다고 말했다'는 25퍼센트뿐이었다.[2] 눈을 의심하겠지만, 이렇게 배운 학생들이 나치의 유대인 학살을 비판하기를 망설인다는 충격적인 증언도 있다.[3] 이것이 미국의 대학생들이 받고 있는 교육의 실태다.

## 내 편이면 살인도 무죄

절대적 도덕성을 쓰레기통에 처넣고 나니, 이제 무엇이든 옹호할 수 있게 되었다. 심지어 살인까지도.

프린스턴대 피터 싱거 교수는 선천적 장애를 안고 태어난 신생아를 살해하는 행위를 옹호한다. 〈뉴욕타임스〉 인터뷰에서 그는 "신생아의 생명권이 돼지나 소, 개 같은 비슷한 이성적 및 정서적 능력을 가진 다른 생명체들에 비해 크지 않다고 생각한다"[4]고 했다. 갓 태어난 인간을 동물과 비교하다니! 싱거 교수는 자기 수업에서 바로 그렇게 가르치고 있다.

도덕적 상대주의는 널리 퍼진 질병이다. 폴 얼리치 교수(스탠퍼드대, 인구학·생물학)가 쓴 책 하나가 2002년 봄학기 내가 들은 '생명공학 15' 강좌의 참고문헌으로 지정되었다. 책에서 얼리치는 홀로코스트(나치 독일의 유대인 대학살)를 일본에 대한 원자폭탄 투하와 비교했다. 무고한 사람 600만 명을 학살한 것을 수백만의 미국인과 일본인의 생명을 구한 군사작전과 비교하다니! 일찍이 1968년에 『인구 폭탄 (The Population Bomb)』이라는 엉터리 저서로 유명세를 탄 바 있는 얼리치에게 이런 식의 도덕적 상대주의는 새로운 것도 아니다. 『인구폭탄』에서 얼리치는 "1970년대에는 세계가 기근을 겪을 것이고, 수억 명의 사람들이 굶어 죽을 것"[5]이라 예견했지만, 그런 일은 일어나지 않았다. 30년이 더 지나서도 그는 "인구 증가라는 암적인 증상에 대증요법으로나 대응해서는 더 이상 안 된다. 암 자체를 도려내야 한다"[6]는 엉터리 주장을 되풀이한다.

절대적 도덕의 기준이 없으므로 흉악범조차도 옹호할 수 있다. 유명한 래퍼 아이스-T(Ice-T)의 〈캅 킬러(Cop Killer)〉라는 노래를 수업시간에 틀어 준 교수가 있을 정도다.

12구경 엽총을 잘라 총신만 갖고
헤드라이트를 껐어
몇 발 쏴야지
짭새 몇 놈 해치우자
짭새 사냥꾼, 나보단 니가 잘할까
짭새 사냥꾼, 씨발 폭력짭새야
짭새 사냥꾼, 니 가족은 슬퍼하겠네(다들 씹이다)
짭새 사냥꾼, 오늘밤으로 피장파장이지. (하 하 하 하 예!)[7]

학부모음원센터(PMRC)가 나쁜 노래라며 항의하고, 상원 회의장에서 성명을 발표하기까지 한 노래다. 그러자 미국 공민권연맹(ACLU)이 아이스-T를 옹호하며 "분노에 배출구를 제공하고, 듣는 사람들로 하여금 경찰의 직권남용과 그에 대한 적대감을 생각하게 해 준다"고 맞서기도 했다.

노래를 틀어 주고 나서 교수가 학생들에게 물었다. "정부가 PMRC 같은 단체의 활동을 내버려 둠으로써 음악가들을 검열하고 있는 것 아닌가요?"[8] 유도심문 아닌가!

교수들은 이런 갱스터 랩을 변호하는 데 그치지 않고, 범행을 자백하고 유죄가 확정된 살인범들이라도 그들이 좌파이기만 하다면 기꺼이 옹호하고 나선다.

무미아 아부자말은 뉴욕 경찰관 대니얼 포크너를 살해한 혐의로 유죄판결을 받은 살인범이다. 아부자말의 형이 모는 차를 포크너가 통상적인 절차로 정차시키자, 아부자말이 달려 나와 총으로 포크너를 세 번 쏘고, 쓰러진 그를 밟고 서서 머리에 쏘아 확인사살까지 했다. 도덕성은 차치하고 행위 자체만으로도 중범죄였지만, 극좌파라는 정치적 위상 덕분에 아부자말은 국제적 유명인사가 되었다. 그는 블랙팬서[Black Panther, 흑표당, 1965년 결성된 미국의 강경급진 흑인결사] 단원이었고, 급진적인 방송진행자였던 것이다. 당연히 교수들이 그를 변호하러 몰려들었다. 자칭 급진주의자인 메리 브렌트 월리 교수(UCLA, 사회복지학)는 "이 사건은 우리 모두가 믿는 민주적 절차에 대한 병충해다. 재판 결과를 바꿀 수도 있었을 정보는 제출되지 않았고, 판사는 인종주의자이며, 열린 자세를 갖고 있지 않고 편견을 갖고 있었음에 틀림없다"고 했다.[9]

또 한 명의 캠퍼스 유명인사는 국내 테러조직 심바이어니즈해방군(Symbionese Liberation Army, SLA)의 전 단원 사라 제인 올슨(일명 캐슬린 솔리아)이다. 그녀는 2001년 11월 1일, 1974년 로스앤젤레스 경찰관 2명의 살인미수 재판에서 범행을 자백했다. 당시 SLA 단원이던 그녀는 경찰관 두 명이 타고 있는 자동차 밑에 폭탄을 설치했다. 예상대로 교수들은 올슨도 지원했다. 메리 브렌트 월리 교수는 사라올슨 방어기금위원회 웹사이트에 후원자 겸 명예회원으로 이름을 올렸다. 월리는 "나는 사라 제인 올슨을 지지한다. 올슨은 공정한 재판을 받을 권리를 거부당했다"고 말했다.[10] 역시 후원자 겸 명예회원으로 이름을 올린 어윈 체머린스키 교수(서던캘리포니아대USC, 법학)도 같은 의견을 냈다. 명단에는 그 밖에 피터 래클레프(매칼래스터칼리지, 역사학), 윌리엄 에이어스 교수(일리노이대-시카고, 교육학 석좌교수) 등도 있다.[11]

'교육학 석좌교수' 윌리엄 에이어스는 1960~70년대 급진파 단체 웨더언더그라운드(Weather Underground, 일명 웨더멘 Weathermen) 회원 출신이다. 노스웨스턴대 로스쿨 교수이고 노스웨스턴아동가족법률센터 이사장인 그의 아내 버나딘 돈 역시 그 회원이었다. 웨더언더그라운드는 펜타곤 폭파 미수와 군사기지 폭파를 포함한 수많은 반전 폭파활동을 주도한 단체다. 에이어스는 자기 행동에 대해 반성하지 않고 있으며, 『은밀한 날들(Fugitive Days)』이라는 책을 써서 웨더멘에서 활동한 경험을 소개하기까지 했다. "나는 후회하지 않는다. 불완전한 세계에서는 행동해야 하고, 우리는 행동했고, 다시 행동할 것이다"라고 그는 말한다.[12] 노스웨스턴대와 일리노이대는 이런 뻔뻔스러운 테러리스트 전력을 가진 사람들을 교수로 임용하고, 지지한다.

절대적인 도덕성을 공격하는 것은 좌파의 의식화와 세뇌공작의 기초이다. 이로부터, 살인자와 흉악범이라도 그가 좌파이기만 하다면 논리적으로 얼마든지 변호할 수 있다. 이런 사람들이 가르치는 곳이 대학이다.

# 제2장

# 내로남불의 정치학

## 좌파의 대선불복

대학은 리버럴 민주당의 독무대이다. 대학 내 민주당원 비율은 쿠바 정부 내 공산당원 비율에 맞먹는다.

교수들의 79퍼센트는 조지 W. 부시가 '너무 보수적'이라고 생각한다.[1] 콜로라도 내 주립대들의 정치학 교수 78명 중 민주당원은 45명, 공화당원은 9명이라는 조사 결과도 있다.[2] 윌리엄스칼리지 교수 200명 중 공화당원은 4명에 불과했다. 브라운대에서는 민주당 대 공화당이 54 대 3, 버클리 59대 7, 스탠퍼드 151 대 17, UC샌디에이고는 99 대 6이었다.[3] 스탠퍼드 역사학과는 24 대 2, 코넬 29 대 0, 다트머스 10 대 0, 콜로라도대-볼더 영문·역사·철학 68 대 0, 사회·인문 190명 중 184 대 미상.[4] 나의 모교 UCLA에서는 소름이 끼칠 정도다. 영문과에서 당적을 가진 교수 31명 중

29명이 민주당이나 녹색당 기타 좌파 정당에 가입해 있다. 저널리즘 13 중 12, 역사학 56 중 53, 정치학 17 중 16, 여성학 33 중 31.[5]

교수들은 학생들의 생각과 선택에 막강한 영향력을 가진다. 2000년 대선에서 UCLA 비공식 출구조사 결과 앨 고어에 투표한 학생 71퍼센트, 랠프 네이더 9퍼센트였음은 앞 장에서 소개했다. 터프츠에서는 스스로 '리버럴'이라고 응답한 학생이 51퍼센트였고, '중도' 14퍼센트, '모른다' 16퍼센트였고, '보수' 및 '중도우파'는 10퍼센트에 그쳤다.[6] 테네시 같은 보수적인 주州들의 대학에서는 공화당을 지지하는 학생 비율이 좀 더 높기는 하다.[7] 그러나 이런 주들에서조차, 학내 보수파 비율은 학교가 속한 지역사회 일반 대중과 비교하면 극도로 낮은 수치다.

몇 안 되는 보수파 교수들은 동료와 대학 당국의 표적이 될까 두려워 숨을 죽이고 있다. 빌라노바대 로버트 마란토 교수는 "인종적 다양성을 지지하면서도 이념적 다양성은 기를 쓰고 반대하는 곳이 대학"이라고 한다. 그는 익명의 사회학자 한 사람이 보수로 전향했다가 학계에서 퇴출된 사례를 소개한다. 그 사회학자는 "내가 공화당에 가입한 일은 센세이션이었다. 나는 마치 아동추행범이라도 된 것 같았다. 모든 사람들이 나의 결단을 증오했다"고 술회했다고

한다.[8]

대학을 끌고 가는 민주당원들은 정치와 강의를 분리하지 않는다. 교수들이 자기네 포로나 다름없는 수강생들에게 일방적으로 주입하는 많은 자료가 민주당의 정강·정책과 일치한다.

나는 2000년 대선 직후인 2001년 겨울학기에 전공과목 '세계정치 입문'을 들었다. 수강생은 300명쯤 됐다.

학기 초에 교수가, 누구에게 투표했는지 간단한 거수조사를 했다. 앨 고어에 250명의 손이 올라갔고, 부시는 15명이었다(나는 만 17세로 아직 투표권이 없었지만 부시에 손을 들었다). 교수가 물었다. "선거가 공정했다고 생각하는 사람?" 나를 포함해 15명가량이 손을 들었다. 교수가 다시 물었다. "만약 앨 고어가 이겼다면, 선거가 공정했다고 생각할 사람?" 거의 모든 학생이 손을 들었다. 강의실의 공정이란 그런 것이었다. 우리 편이 이기는 것.

대선 직후, 교수들은 대통령 당선자(President-elect) 조지 W. 부시를 '대통령 당첨자(President-select)'로 비꼬아 부르기 시작했다. 득표수에서는 앨 고어가 앞섰지만 주별 선거인단 '승자독식' 때문에 부시가 역전승한 것을 노상강도짓에 비유하며, 이로써 미국 민주주의의 유산이 산산조각 났다고 비난하고 나섰다. UCLA 로버트 왓슨 교수(영문학)는 부시의 취임식을 열흘 남짓 앞두고 〈데일리 브루인〉 기고에서, 부시의 승리는 "소수인종과 빈곤층의 동등한 투표권을 조직적으로 박탈했기 때문"이고, "미연방대법관의 다수를 점하는 공화당 못 보수파를 동원해 국법을 무력화했다"[앨 고어가 우세했던 플로리다주에서 무더기 무효표가 나온 것을 대법원이 그대로 무효로 인정함으로써 부시의 승리를 도왔다는 주장]고 비난했다. 부시는 멍청하고 무식하며, 부시 진영 사람들은 부정직하고 비윤리적이며, 특히 법무장관 지명자 존 애시크로프트는 "평생 동안 아프리카계 미국인과 인종적 정의에 반대해 온 전력의 소유자"라고 헐뜯었다. "1월 20일, 부시가 자신이 훼손하고 있는 헌법을 준수하는 취임선서를 할 때 만납시다. 함께 촛불을 들고, '선거'와 '민주', '진실'과 '평등'이라고 쓴 종이를 불태웁시다!"[9]

영악한 폴리페서 왓슨의 1인 시위는 거기서 그치지 않았다. 그는 부시 취임식 날 밤 30명가량의 사람들을 모아 집회를 열고 말했다. "부시의 사람들은 어리석게도, 사람들이 이 모든 것을 잊을 거라고 믿고 싶어 합니다. 저항하려는 사람들은, 우리는 혼자가 아니라는 것을 알고, 토론을 통해 이해를 증진시키며, 장차의 재난을 막기 위해 어떻게 해야 하는지 찾아내야 합니다." 흐느끼는 아내가 연단으로 이끌려 나와 거들었다. "저는 더 이상 하느님을 믿지 않습니다.

세상이 어뗘해야 하는지를 헌법과 독립선언문이 가르쳐주었는데, 지난 선거가 그것을 파괴해 버렸습니다."[10] 왓슨 부인에게는 신도 헌법도 세상도 없고, 게다가 두뇌도 없군요!

부시는 합법성이 없고, 대통령직을 수행하기에 걸맞은 무게감도 없다. 부시 1기 행정부의 리처드 체니 부통령, 존 애시크로프트 법무장관, 도널드 럼스펠드 국방장관은 게임의 룰 대신 파벌정치를 끌어들였다. 대법원은 선거 결과를 도둑질하고 미국의 헌법질서를 교란했다. 이런 썩어 빠진 자들의 손아귀에서 미국을 구하려 정의의 교수들이 나타났다 ─ 오 하느님, 감사해야 합니까?


## '부자 감세' 때리기

효과가 검증된 대표적인 안티 공화당 주제가 부자 감세 때리기다. 부자들은 돈을 가질 자격이 없다고 교수들은 주장한다. 부시의 감세 정책은 부자들만 더 배불리게 하므로, 정부는 오히려 고율의 세금을 매겨 부자들의 돈을 빼앗아서 가난한 사람들에게 주어야 한다는 것이다.

부자 감세에 반대하는 것은 열심히 일하는 사람을 불리하게 만들고 정부에 의존하는 것을 부추기는 대표적인 사회주의 슬로건이다. 어차피 세금의 대부분은 부자들이 내고 있다. 감세가 부자들의 세금 부담을 덜어 주는 것은 사실이지만, 그것은 어디까지나 내야 할 세금을 깎아 주는 것이지 부자들에게 생돈을 얹어 주는 것이 아니다. 게다가 좌파 교수들이 '부자'로 분류하는 사람들 대부분은 수중에 현금을 가지고 있지 않다. 감세로 인해 절약된 돈을 부자들은 방석 밑에 깔고 앉아 있는 것이 아니다. 그들은 그 돈으로 사업을 시작하고, 주식에 투자하고, 그 결과 사람들에게 일자리와 소득을 제공한다. 적절한 감세는 건강한 경제를 위해 필수다.

물론 교수들은 이런 사실을 부정한다. 부시의 감세정책을 지지하는 교수는 10퍼센트 미만이다. 정년보장을 받은 정교수들만으로 보면 3퍼센트에 불과하다[11]는 것도 아이러니다. UCLA 린 베이브렉 교수는 '정치학 40' 강의에서 "세율을 낮춰서 빈곤층을 돕겠다는 것은 제정신이 아니다"라고 했다(2002년 2월 12일 수업).

하지만 세금을 내리는 것은 빈곤층에게 해가 되기는커녕 큰 도움이 된다. 사람들은 쓸 돈이 많아지면 새로운 사업과 새로운 시장을 만들어 낸다. 그러면 실업자에게 더 많은 일자리가 생기고, 기업가들에게는 새로운 자본이 생기는 선善순환이 일어난다. 그런데도 베이브렉은 감세가 빈곤층에 해롭다니?

조엘 블라우 교수(뉴욕주립대-스토니브루크)는 "우리 앞에 놓여 있는 것은 '온정적 보수주의'와 '모든 미국인을 위한' 정책이 아니라, '최고부유층을 위한' 정책"이라고 비판했다.[12] 웃기는 얘기다. 부시의 감세정책은 부유층만이 아니라 전 국민의 세금을 깎아 주는 것이다. 부자들이 자기 돈을 계속 갖고 있는 것이 왜 그리들 못마땅할까? 부자들에게 돈이 없으면 빈곤층을 위한 일자리는 누가 제공한단 말인가? 정부? 그런 경제철학을 가리키는 이름이 있다 — 공산주의.

데이비드 E. 콘 교수(UC샌타크루즈, 경제학)는 부시의 감세안이 "전국적으로 확대되고 있는 불공정을 더욱 조장할 것"이라고 말했다.[13] 불공정이라면, 가장 열심히 일하는 사람이 가장 세금을 많이 내는 것은 공정하다는 말인가? 지금의 세제稅制 구조가 스스로 길을 개척해 정상에 오른 사람들에게 오히려 벌금을 매기고 있다는 사실은 왜 외면하는가?

MIT 경제학 교수 겸 명예학장 레스터 서로는 "부시의 공화당이 1980년대 레이건이 한 것 같은 대폭적인 감세정책을 추진한다면, 우리는 적자의 함정 속으로 추락하고 말 것"이라고 걱정했다.[14]

그럴까? 세 가지 반론.

첫째, 지미 카터가 경제를 파탄 냈기 때문에 미국 국민은 레이건을 택했다.

둘째, 미국 경제는 레이건 임기 중 역사상 가장 큰 평화 시 경제성장을 경험했다. 1980년대 로널드 레이건이 감세 정책을 실시하는 동안 가계 중위소득과 평균소득은 다같이 상승했다.[15] 1982~89년 기간 실업률은 4.3퍼센트 하락했다.[16]

셋째, 높은 세율을 고수하는 대신 정부 지출을 삭감하는 것으로 재정 적자를 메울 수 있다.

교수들의 관심은 경제정의나 재정 건전성에 있지 않은 것 같다. 그들은 대학이라는 상아탑의 바깥 현실세계에서 돈을 버는 사람들을 질투하고 있는 것이다. "부자들의 로빈 후드가 돈 있고 힘 있는 사람들을 지켜 주기 위해 숲속에서 뛰어나왔다"[17]는 로버트 왓슨 교수의 〈UCLA 데일리 브루인〉 기고에서 계급적 질투심 같은 것이 느껴지지 않는가?

이 왓슨 교수는 학내 미디어에 기고하는 것이 본업이고 수업은 이따금 여가가 나면 들어오는 사람인데, 동료교수 시어도어 앤더슨(경제학)이 〈데일리 브루인〉에 편지를 보내 왓슨이 경제에는 문외한임을 지적한 일도 있다. 일례로 왓슨은 부자 감세를 "이미 부자인 사람들의 세금을 줄여 주기 위해 사회보장 재원을 감축하려는" 우파의 술책이라고 비난했다.[18] 한눈에도 왓슨이 상황을 거꾸로 이해하고 있음을 눈치 챘을 것이다. 감세를 하려고 사회보장 재원을 감축하는 것이 아니라, 세금에서 나오는 돈이 사회보장 서비스의 재원이 되는 것이다. 그러나 좌파가 언제 진실에 관심을 가진 적이 있던가?

## 언론은 기울어진 운동장

대학사회는 〈뉴욕타임스(NYT)〉의 논조가 객관적이고 전반적으로 편견이 적다고 생각한다. 〈LA타임스〉나 CNN도 비슷하게 공정하다고 생각한다. UCLA 조프리 넌버그 교수는 "실제로 편견이 있다 해도, 보도에서는 편견이 나타나지 않는다. 주류 미디어는 보수보다 오히려 리버럴과 더 거리가 멀다"[19]고 한다. 이 사람은 도대체 한 번이라도 신문을 읽거나 방송뉴스를 들어 본 적이나 있는 걸까?

데이비드 돔키 교수(워싱턴대)는 그보다 좀 나아서, 미디어가 어느 정도 좌편향인 것을 인정하면서도 "그 편향 정도는 그다지 크지 않다"고 한다.[20] 그렇지 않다. 〈NYT〉의 좌편향은 '그다지 크지 않은' 수준이 결코 아니다. 리버럴 미디어는 공화당, 군대, 이스라엘을 증오한다. 테드 카펠이 진행하는 ABC뉴스닷컴의 〈나이트라인〉 제목을 하나 보자. '투나잇. 이스라엘의 가자시(Gaza City) 폭격—시민 반응.' 링크를 클릭하면 '폭력의 악순환'이라는 헤드라인이 나온다.[21] 제목과 헤드라인만 봐서는, 이스라엘이 아무 이유 없이 재미로 가자시를 폭격해 민간인을 살상한 것처럼 되어 있다. 이날 폭격은 이스라엘 민간인들에게 여러 차례 대규모 공격을 가한 하마스의 테러 지휘자 살레 셰하데를 목표로 한 공격이었는데 말이다.

UCLA 스티븐 스피겔 교수는 〈하퍼스매거진〉과 〈뉴리퍼블릭〉을 '중도'로 분류한다.[22] 〈뉴리퍼블릭〉의 편집인 마틴 페레츠는 악명 높은 리버럴이고, 오랫동안 앨 고어의 멘토로 활동했다. 〈하퍼스매거진〉은 좌파 삼류 잡지다. 상습적인 거짓말쟁이 스탠리 피시가 자주 얼굴을 내밀고, 그 못지않게 황당한 에드워드 사이드도 죽는 해까지 기고를 했다. 그런가 하면 자기네 입맛에 맞을 정도로 좌편향되지 않은 미디어는 그냥 무시해 버리기도 한다. 린 베이브렉 교수는 '정치학 20' 수업에서 ABC, CBS, NBC, CNN, MSNBC, 폭스뉴스 등의 저녁 뉴스, 〈NYT〉, 〈로스앤젤레스타임스〉, 〈US뉴스앤드월드리포트〉 등의 뉴스공급자들을 '하드뉴스(hard news)'라고 치부해 버렸다(2002년 2월 28일). 뭐가 빠졌는지 눈치챘는지? 바로 미국 최대의 일간지 〈월스트리트저널(WSJ)〉이다. 리버럴의 편견이 없는 정말로 객관적인 뉴스 공급원은 〈WSJ〉를 포함해 폭스뉴스, 〈드러지 리포트〉 등 손꼽을 정도뿐이다. 교수들은 민주당에서도 극좌파에 속하니까 〈NYT〉처럼 성에 안 차는 좌파 매체는 마치 중도파처럼 보이는 것이다.

## '정의와 복지'라는 유령

민주당 지지자들은 입만 열면 '사회정의'를 말한다. 듣기는 그럴듯해도, 그들이 주장하는 사회정의란 결국 정부의 설익은 개입으로 파국에 봉착하고 말 추상적 개념에 불과하다.

'정치학 167A' 수업에서 스콧 보먼 교수는 "정부가 시장 동향에 단순히 반응하는 것만으로는 사회정의가 유지될 것을 보장할 수 없다. 법은 시장을 위한 열쇠만이 아니라 사회정의를 위한 열쇠이기도 하다"(2002년 5월 28일)고 말했다. 교수들은 자유시장이 오로지 대기업의 이익을 위해서만 굴러가고, 생활비를 벌기 위해 분투하는 '개미'들을 착취하려 든다고 믿는다. 따라서 각급 정부가 개입하는 강력한 사회보장 프로그램으로 보통사람들을 보호해야 한다고 말한다. 전공과목 교재 하나에는 "국내의 공공재는 국가가 관할하는 것이 실질적으로 유익하다"[23]고 나와 있다.

'사회복지'도 교수들의 단골 주제다. 사회복지에서 공공부문의 부담을 낮추는 1996년 복지개혁법(Welfare Reform Act)은 민주당 클린턴 정권의 작품인데도 교수들에게 맹공을 받았다. 셀던 댄지거 교수(미시간대)는 "노동시장의 가혹한 현실로 인해, 복지 혜택이 줄어든 엄마들의 경제적 어려움이 증가하는 등, 새 법안이 초래할 해악은 시간이 지남에 따라 더욱 커질 것"이라 했다.[24] 셰일라 캐머먼 교수(컬럼비아대)는 "혼외 출산과 십대 임신 지원을 축소한 결과가 아이들에게 끼칠 영향을 도외시한" 복지개혁법은 대실패가 될 것이라 예언했다.[25] 피터 에델먼 교수(조지타운대)도 "새 법은 노동을 효과적으로 장려하지 못하고, 아이들을 보호하지도 못한다. 옛날 시스템은 적어도 올바른 틀은 갖추고 있었다"고 거들었다.[26] 빤히 들여다보이는 트릭이다. 논리로 이기기 힘들 땐 엄마들과 아동들을 들먹이며 눈물을 흘려라! 언론을 상대로 이런 전술이 거의 백발백중 먹혀든다는 것을 이들은 아마 정치판의 좌파 동지들에게 배웠을 것이다.

댄지거, 캐머먼, 에델먼이 틀렸다. 아이들에게 해를 끼친 것은 낡은 시스템이다. 새 복지개혁법은 빈곤, 아동 빈곤,

불법 출산, 흑인 아동 빈곤을 크게 감소시켰다.[27]

사회정의, 사회복지에 이은 좌파의 단골 메뉴는 '노령연금'(정식 명칭은 Social Security)이다. 베이비붐 세대의 노령화가 현실화함에 따라 공영 노령연금이 곧 세금폭탄으로 되돌아올 것이 불 보듯 뻔한데도, 교수들은 연금 민영화는 꿈도 꾸지 말라고 못을 박는다. 미국 시민들은 너무 멍청해서 스스로 노후 대비를 할 줄 모르니, 돈은 정부의 손 안에 남겨 두는 것이 최선이라는 말인가?

플로리다대 패트리샤 E. 딜리 교수는 민영화를 괴물처럼 묘사하는 일에 거의 광적이다. "노령연금 전면 민영화 요구는 우리가 알고 있던 노후보장 개념을 종식시키고, 수많은 미국인들의 은퇴 후 생계를 위태롭게 만들 수 있다"는 것이다. 하지만 연기금 고갈 위기는 현실인데? "연금 지출을 전 사회가 분담하느냐, 각 개인이 은퇴 이후를 스스로 대비해 저축을 하느냐—어느 쪽이든 노년층에 제공해야 하는 재화와 서비스의 양은 같다. 결국은 그 부담을 어떻게 배분하느냐의 문제다."[28] 기금이 고갈되면 그 부담을 납세자들이 지면 된다는 말 아닌가!

보수파가 추진하는 노령연금 민영화는 이미 은퇴한 사람들의 연금을 깎으려는 것이 아니다. 이 기금을 정부가 직접 운영하는 대신, 민간부문으로 이관해 안전한 주식이나 증권에 넣어 두는 선택을 할 기회를 주자는 것이다. 그런데도 브래드 로스 교수(웨인주립대)는 연금 민영화는 "국민의 요구에 부응해야 할 정부의 임무를 방기하려는 공화당원들의 책동"이라고 비난했다.[29] 그러나 '국민의 요구에 부응'하는 것은 정부의 임무가 아니다. 정부의 가장 기본적인 임무는 단 하나, 국민의 생명과 재산을 안전하게 보호하는 것 아니던가?

네 번째 단골 메뉴, '최저임금'. 좌파는 가난한 사람들의 '생활임금(living wage)'을 최저임금의 기준으로 들이대는데, 생활임금에 기반한 최저임금이 일자리 감소라는 역풍으로 돌아옴으로써 결국 그 가난한 사람에게 해를 끼치는 현실을 교수들은 애써 외면한다. 케빈 랭(보스턴대), 로버트 폴린 교수(매사추세츠대-애머스트) 같은 이들은 최저임금을 생활임금 수준으로 인상해도 일자리가 없어지거나 줄어들지 않는다고 주장한다.[30] 앨런 크뤼거(프린스턴대)와 데이비드 카드 교수(UC버클리)가 공동으로 수행한 최저임금에 관한 연구에서는, 최저임금이 고용에 전혀 또는 거의 영향을 주지 않는다는 결론이 나왔다.[31] 이것이 어떻게 가능했을까? 래리 엘더가 『미국에서 말할 수 없는 열 가지(The Ten Things You Can't Say in America)』에서 그 비밀을 폭로했다.

다른 연구자들이 크뤼거와 카드의 연구 결과를 재현해 보려고 했으나 할 수 없었다. 카드와 크뤼거를 위해 작업한 사람들은 전화로만 고용주에게 고용을 늘릴 것인지 줄일 것인지, 아니면 현상을 유지할 것인지 물었기 때문이다. 카드와 크뤼거의 연구 결과를 검증하려는 연구자들은 한 걸음 더 나아가, 고용 상태를 실사하기 위해 임금지급대장 열람을 요청했다. 그러자, 최저임금 인상으로 아무런 영향도 없었던 주장이 완전히 들어가 버렸다. 사실은, 펜실베이니아와 뉴저지 주에서는 최저임금 인상 후 고용이 감소했던 것이다.[32]

대부분의 경제학자들이 최저임금법을 반대하지만, 입법을 막지 못했다. 생활임금 운동이 계속 발호하는 것은 거기에 어떤 장점이 있어서가 아니라, '빈민층 돕기'라는 허울 좋은 구호를 제공하는 포퓰리즘 정치운동이기 때문이다.

무산된 '힐러리 케어'[1993년 빌 클린턴 1기 행정부 때 추진한, 전 국민 직장건강보험 가입을 의무화하려던 계획. 의회 반대로 무산되었으나 20년 뒤 '오바마 케어'로 관철됨] 논란은 교수들의 친 민주당 성향을 여지없이 드러내 보여 준다. 레이 모슬리 교수(플로리다 의대, 의료윤리)는 "국민건강보험 제도가 있는 나라의 국민들이 미국 국민들보다 더 나은 의료 혜택을 받고 있다. 다른 나라에서는 절반의 비용으로 더 나은 결과를 얻고 있다"[33]고 주장한다. 그 '다른 나라'란 전형적으로 쿠바일 텐데, 많은 나라의 국가원수들이 건강에 문제가 생기면 쿠바가 아니라 미국으로 온다. 캐나다에서도 의료 사회주의화가 이루어졌는데, 캐나다의 의료기술과 시스템 과부하 처리능력은 미국에 뒤처져 있다.

오럴로버츠대에서, 건강보험 공영화를 지지하는 조지 길렌 및 윌리엄 워커와, 이에 반대하는 티모시 브루커 교수 간 토론이 열렸다. 길렌은 약값 상승은 소수 제약회사가 시장을 장악하는 과점 상태가 원인이라며, 해결책으로 전국민 건강보험 도입을 주장했다. 브루커는 자유시장제도가 제약산업의 혁신의 동력이라고 받아쳤다. 결국은 브루커가 한 발 물러나, 건강보험 공영화가 어느 정도까지는 필요하다는 데 길렌과 의견을 같이했다.[34] 자유시장이라는 '원칙'을 방어한 것만으로도 브루커는 선전善戰한 셈이다. 학생들이 양쪽의 이야기를 다 들었으니 많은 것을 깨달았으리라고 나는 확신한다.

교수들은 '사회정의'의 모든 해답을 '증세와 규제'에서 찾는다. 가난한 사람들이 혼외 자녀를 낳으면? 부자에게 세금을 떼 가난한 사람에게 준다. 실직자가 생기면? 부자에게 세금을 떼 실직자에게 준다. 노령층 일부가 노후 대비가 안 되었다면? 모든 사람이 연금을 받게 한다. 적절한 보건 서비스를 받지 못하는 사람들이 소수 있다면? 전국민 건강보험으로 바꾼다. 이 말대로 했다간 우리는 진작부터 쿠바 국민들처럼 살고 있을 것이다.

## "공화당이 나라 망친다"

'착한 민주당 어린이'인 교수들은 공화당을 지구의 골칫거리라고 생각한다. 그들은 보수주의자가 그저 바보인 줄로만 안다. 잭 글레이저와 프랭크 설로웨이(이상 UC버클리), 존 조스트(스탠퍼드대), 에이리 크러글랜스키(메릴랜드대-칼리지파크) 등의 공동연구를 보면, 정치적 보수주의의 기초는 "불평등의 용납과, 변화에 대한 저항"이라고 한다. 글레이저는 "보수주의자들이 단순한 것만은 아니지만, 총체적으로 덜 복합적인 사고를 한다"고 주장한다.[35] 그래서 로널드 레이건 같은 정치인, 러시 림보 같은 보수파 논객 들을 히틀러나 무솔리니, 심지어 스탈린, 흐루쇼프, 카스트로와 한통속으로 분류하려 든다. 러시 림보라…. 보수파가 바보라면, 미국에는 러시 림보를 듣는 바보가 2천만 명이나 있다. 나도 그중 하나고.

우파는 부도덕하고 악마적인 일에만 골몰하고, 리버럴은 한결같이 사려 깊고 영리하다고 교수들은 말한다. 로버트 왓슨 교수(UCLA, 영문학)는 급진 좌파의 이데올로기를 "사회가 안이하게 생각하는 것에 까다로운 질문을 던지는 결단"[36]이라고 정의했다. 랜디 뉴냄 교수(오리건대 생존센터 부소장)는 "나와 함께 일하는 학생들 다수가 반 자본주의, 친 노동평등, 친 해방적이고 세계정세에 대해 비판적인 것으로 보아, 학생들 가운데는 급진주의자가 더 많은 것 같다"고 했다.[37]

'국가기구: 의회(정치학 140A)' 과목의 첫 주 강의에서 바버라 싱클레어 교수는 "공화당은 극단주의적이고, 민주당은 좀 더 다양하다"고 했다. 하원의 여당 원내대표 톰 딜레이는 "극단적인 보수주의자"이고, 야당 대표 낸시 펠로시는 "자기 선거구민에게 책임을 지는, 더없이 리버럴한 사람"이란다(2004년 1월 15일). '정치학 121'의 케네스 슐츠 교수는 "공화당은 역사적으로 인권을 위한 정당이었던 적이 없다"고 했다(2002년 5월 30일). 링컨과 노예해방에 관한 그 모든 이야기들이 다 거대한 거짓말이었다고?

2002년 겨울학기 '미국정치입문'을 담당한 린 베이브렉 교수는 조지 H. W. 부시('아버지 부시') 진영의 1988년 '회전문 광고'[회전문으로 교도소를 나선 출소자들이 곧 교도소로 다시 들어오는 콘셉트로 강력한 '범죄와의 전쟁'을 호소하여, 아버지 부시가 민주당의 듀카키스를 꺾고 대통령에 당선되는 데 일조]에 대한 연구를 수행한 바 있다. 부시 선거운동본부가 마이클 듀카키스를 겨냥해 내보낸 이 광고는 듀카키스의 소극적인 범죄 대책에 초점을 맞추고 있었다. 강의에서 베이브렉 교수는 맨 먼저, 이 광고가 그보다 한 해 앞서 나온 네거티브 광고인 '윌리 호턴 광고'의 기억을 되살려 주었다고 말했다. 듀카키스 후보가 매사추세츠 주지사 시절 휴가로 일시 출소한 강력범 윌리 호턴의 재범 이야기였다. 휴가증을 가진 호턴은 메릴랜드에서 여성 한 명을 성폭행하고, 이 여성의 남자친구를 칼로 찔렀다. 베이브렉 교수는 두 광고를 이렇게 등치해 놓고 나서, '회전문 광고'의 온갖 오류를 침을 튀겨 가며 설명했다. 그렇게 30분가량을 쓰고 나서 교수는 자기가 '좋아하는' 듀카키스의 선거광고를 보여 주었다. 뚱뚱한 공화당원이 나와서 땀을 뻘뻘 흘려 가며 정치 이야기를 하는 내용이었다. 교수는 왠지 그 광고에 대해서는 자기가 비판하지도, 오류를 찾아내는 토론을 진행하지도 않았다(이상 2월 26일).

그 과목의 참고문헌 하나에는 이렇게 써 있다. "공화당은 미국 역사상 최악의 불황기인 1929~33년 기간의 집권당이었다."[38] 마치 대공황이 그 4년분이었던 것처럼 설명하는 데, 실제로 대공황은 1933년이 지나고도 8년 더, 민주당 프랭클린 루스벨트의 첫 두 번 임기까지 계속되었다. 역사학자 짐 파월은 루스벨트의 경제정책이 상황을 더 악화시켜 대공황이 연장되고 심화되었다고 진단한다.[39]

교수들은 '전쟁광 공화당'이 제안하는 미사일방위계획이라는 것을 개념 자체부터 증오한다. 일반 대중의 70퍼센트가 찬성하는 국가미사일방위체제를, 교수의 약 74퍼센트가 강력히 반대한다.[40] UCLA의 앨버트 카니세일 총장은 "미사일방위망은 대량살상무기의 위협에 대한 답이 아니다"라고 한다.[41] 30명이 넘는 교수들과 참여과학자모임(Union of Concerned Scientists) 회원들이, 최소한 당분간만이라도 국가미사일방위계획을 포기하라고 부시 행정부에 촉구했다.[42]

공화당의 대표적 치적 중 하나인 스쿨바우처[School Voucher System, 모든 학생에게 공립학교 등록금 상당의 바우처가 지급되어, 학생이 사립학교로 갈 경우 그만큼의 등록금을 바우처로 대납하는 제도]조차 교수들의 눈에는 악마의 티켓일 뿐이다. 도입한 곳 어디서나 놀라운 성공을 거둔 스쿨바우처를 교수들의 약 67퍼센트가 반대했다.[43] 하버드대 폴 피터슨 교수는 스쿨바우처를 지지하는 책을 썼다가 다른 교수들의 공격을 받기까지 했다. 헨리 M. 레빈 교수(스탠퍼드대)는 피터슨의 스쿨바우처 지지에 "편견이 작용하고 있음이 틀림 없다"고 비난했다. 브루스 풀러 교수(UC버클리)는 "그는 데 이터가 충분하지 않은 경우조차 항상 어떻게든 자료를 쥐 어짜서, 미리 정해 놓은 대답에 도달하고야 만다"고 헐뜯었 다.[44] 학내 당파성의 전형적인 사례다. 당파의 노선을 따르 지 않으면 얻어맞는다.

교수들은 클린턴의 탄핵 무산[민주당의 빌 클린턴 대통령이 섹스스캔들과 관련한 위증과 권력남용 등으로 탄핵 절차에 몰렸 다가, 1999년 상원에서 최종 부결됨] 과정에서 "썩어 빠진 공 화당과 광적인 미디어가 자행한 비열하고도 기괴한 행동" 을 절대로 잊지 않는다. 교수들은 이 일을 "케네스 스타 특 별검사가 빌과 힐러리 클린턴 부부를 조사한답시고 5년간 4천만 달러를 탕진"[45]한 사건이자 "스캔들에 대한 뉴스 미 디어의 강박적 집착"[46]으로 기억한다.

스캔들 기간 내내 클린턴의 가장 큰 지지자 그룹 중 하나 가 교수 집단이었다. 400명의 교수들이 클린턴 탄핵안을 부결시키라고 '꼰대당(GOP: Grand Old Party)'이 지배하는 의 회를 압박하는 광고에 이름을 올렸고, 그러면서도 자기들 은 '당파적'이 아니라고 우겼다.[47] 숀 윌렌츠 교수(프린스턴 대)는 "만약 클린턴의 범죄가 탄핵에까지 이를 수준이라 믿 고 탄핵에 찬성 표를 던진다면, 열광자 및 광신자들로 역사

에 기록될 것을 각오해야 할 것"이라 협박했다.[48]

## "민주당에 한표를"

모든 쟁점에서 교수들은 당파의 노선을 추종한다. 그 노선이란, 우파(the Right)는 올바를(right) 수 없다는 것이다. 이것은 교육의 탈을 쓴 선전선동이다.

공화당원은 대학에서 환영받지 못한다. 보수파 인사는 대학 졸업식 때 축사도 할 수 없다. 대중문화연구센터(Center for the Study of Popular Culture)가 지난 10년간 아이비리그 8개 전부를 포함한 32개 대학에서 졸업식 축사를 한 사람들의 정치적 견해를 조사한 결과, 리버럴 대 보수가 226 대 15로 나타났다. 조사 대상 대학 중 22곳에서는 이 기간 중 보수파 연사를 단 한 명도 초청하지 않으면서 리버럴측 연사는 173명이나 초청했다.[49]

UCLA 교육정보대학원 졸업식에 퍼스트레이디 로라 부시를 연사로 초청하려 했다가 난리가 난 적이 있다. 로라 여사가 수락하지 않을 것이 처음부터 분명했는데도 학생들은 집단이 가진 모든 힘을 동원해 초청에 반대했다. 교육학 박사과정의 에스텔라 사라테는 "우리는 방관하지 않을 것이

며, 로라의 참석을 내버려 두지 않을 것"이라고 목소리를 높였다.[50]

반면 좌파 인사는 쌍수를 들어 반긴다. 독설가 앨 프랭큰 [당시 코미디언, TV방송작가, 라디오방송 진행자. 나중 2009년에 민주당 상원의원이 되었다가, 코미디언 시절의 성추행이 불거져 2017년 사퇴]은 2003년에 하버드대에서 연구비를 지원받아 『거짓말, 그리고 거짓말이 일상인 거짓말쟁이들: 우익을 보는 공정하고도 균형 잡힌 시각(Lies and the Lying Liars Who Tell Them: A Fair and Balanced Look at the Right)』이라는 책을 저술하면서, 14명의 보조연구원까지 지원받았다. 이 대단한 '연구' 서에는 '앤 콜터: 미치광이', '버니 골드버그 엿먹이기'[앤 콜터와 버나드 골드버그는 보수파 논객들] 같은 제목의 챕터도 있다.[51]

그뿐만이 아니다. 프랭큰은 저명한 보수주의자들을 조롱하는 데 하버드대 공식 레터헤드지를 썼다. 존 애시크로프트 법무장관에게 편지를 보내 "공립학교들의 성적性的 절제 수업을 주제로 『정력을 아끼자』라는 책을 준비 중"이라며, 장관 자신의 금욕 경험을 소개해 달라고 요청했다. 이 책에 담길 이야기는 부시 행정부가 "미국의 젊은이들을 위한 모범사례를 정립"하고 있음을 보여 주는 데 사용할 것이라며, "토미 톰슨 보건부장관, 윌리엄 J. 베네트, 애리 플라이셔

백악관 언론비서관, 릭 샌토럼 상원의원, 콘돌리자 라이스 국가안보보좌관 들로부터 멋진 경험담을 받았다”고 했다. 편지는 통째로 가짜였다. 사실은 책을 쓸 자료가 필요했던 것이다. 칼럼니스트 미셸 맬킨의 말대로 “절제하는 젊은이들과 그들의 반듯한 롤모델들을 괴짜와 위선자라고 희화화함으로써 할리우드와 하버드의 칵테일 파티에서 점수를 따려는 수작”[52]이었다.

부자 감세는 악이다. 복지개혁법은 악이다. 노령연금 민영화는 악이다. 생활임금 미달은 악이다. 건강보험 민영화는 악이다. 미사일방위는 악이다. 스쿨바우처는 악이다. 공화당의 전체 역사가 악이다.

좋다, 그렇다면 모든 가난한 학생들은 어떻게 하면 되는가?

— 민주당에 한표를.

# 제3장

# 아직도 마르크스

## "만국의 노동자여 단결하라"

20세기가 우리에게 가르쳐준 가장 큰 교훈 중 하나는, 사회주의는 실패할 수밖에 없다는 것이다. 사회주의는 소련에서 실패했다. 중국에서 실패했다. 탄자니아, 북한, 쿠바에서 실패했다. 스웨덴, 프랑스, 핀란드를 잘사는 나라로 만든 것은 사회주의가 아니다. 지난 20세기는 자본주의 경제 없이는 국가가 구렁텅이에 빠지고 만다는 산 증거다.

교수들만 아직 그 교훈을 배우지 못했다. 『공산당 선언』의 맨 마지막 문장을 지금도 진리로 믿고 있는 빨갱이(the Reds)가 대학에는 넘쳐 난다.

미국의 주요 대학에는 다 마르크시즘 과목이 있다. 애머스트칼리지에는 '마르크스 다시 보기', UC샌타바버라에는 '블랙 마르크시즘', 러트거스대에는 '마르크시즘 문학이론'

과목이 개설되어 있다. UC리버사이드에는 마르크시즘 부전공이 있다. 그 밖에 브라운, 컬럼비아, 코넬, 다트머스칼리지, 하버드, 프린스턴, 펜실베이니아, 예일, 버크넬, 카네기멜런, 듀크, 에모리, 뉴욕대(NYU), 스탠퍼드, 시러큐스, 시카고, 애머스트칼리지, 칼턴칼리지, 오벌린칼리지, 리드칼리지, 바사칼리지, 웰즐리칼리지, 애리조나, 플로리다, 콜로라도, 아이오와, 켄터키, 매사추세츠, 미시간, 미네소타, 노스캐롤라이나-채플힐, 펜실베이니아주립(유펜), 텍사스, 버지니아, 워싱턴, 위스콘신, 그리고 캘리포니아대학교(UC)의 거의 모든 캠퍼스, ….[1]

UCLA '정치학 167A' 과목의 리처드 스클라 교수는 "사회주의는 위대한 사상"이고 공산주의 독재자 "마오쩌둥(모택동)은 위대한 지도자"라고 한다(2002년 4월 23일, 5월 7일). 사회주의를 도입한 결과 죽은 사람의 수는 20세기의 모든 국제전쟁에서 죽은 사람을 합친 것보다 많다. 그런데도 사회주의가 위대한 사상인가? 마오쩌둥은 수천만의 중국인을 죽음으로 내몰았다. 그런데도 위대한 리더십인가?

더크 스트루익 교수(MIT, 수학)는 "학창 시절 마르크스의 사고방식을 공부한 것이 많은 도움이 되었다"고 한다.[2] 그의 마오쩌둥 약전略傳은 수많은 웹사이트에서 인용되고 있는데, 마오쩌둥의 철학은 "최선의 리버럴리즘, 포퓰리즘,

민주적 사회주의를 부활시키기 위한 노력"[3]이라는 게 요지다. A. 벨든 필즈 교수(일리노이대)는 학내 사회주의자 모임을 이끌며 월례 토론회를 갖고 있다.[4]

조슈아 멀다빈 교수가 담당한 1학년 '지리학 5' 수업에서의 일이다. 서방 국가들이 온 지구 사람들과 생태계를 파괴하고 있다는 강의를 들으면서, 그가 악의에 찬 반反 자본주의자라는 것을 알게 되었다. 유일하게 궁금한 것은, 그가 본격 공산주의자인가였다. 교수는 그렇다고 서슴없이 답했다. "옛날에 어떤 학생이, '그럼 교수님은 공산주의자입니까?' 하고 질문하더군. 그래서 나는, '공산주의자라는 말이 모든 사람을 위해 걱정하고, 불평등을 해소하고 가난한 사람들을 도우려 한다는 뜻이라면, 예스, 나는 공산주의자입니다'라고 대답했지." 나는 어이가 없었지만, 다른 학생들은 웃고 환호성을 질렀다. 이런 극좌파 대학교수들은 농익은 토마토보다도 더 새빨갛다. 그런 자들이 매일같이 학생들을 융단폭격하고 있다.

## 차이나 신드롬

중국이나 쿠바 같은 사회주의/공산주의 나라들을 어떻

게 생각하느냐고 교수들에게 물으면 대번에 엄지를 척 세울 것이다. 중국은 훌륭한 경제체제를 가지고 있었는데 최근 서서히 자본주의로 전환하고 있어 힘이 떨어졌고, 쿠바는 훌륭한 보건 시스템을 가지고 있다는 것이다. 중국과 쿠바 외에 어떤 사회주의 국가에 대해서 물어도 교수들은 틀림없이 그 나라들이 미국보다 낫다고 말할 것이다. 이런 공산주의/사회주의 찬양을 '차이나 신드롬'이라고 할 수 있겠다.

둘째가라면 서러워할 중국예찬론자가 UCLA의 조슈아 멀다빈 교수다. '지리학 5' 강의에서 그는 중국은 "발전의 본보기"라고 추켜올렸다(2001년 2월 20일). 다른 인터뷰에서 그는 "마오쩌둥주의의 발전 모델은 자립 전략 위에 수립되었다. 교육, 보건과 사회복지, 도농都農 동시개발 분야들의 성공은 널리 인정되고 있다"고 평가했다. 그 중국이 서서히 자본주의를 향해 가고 있는 데 대해서는 "개혁개방정책은 구조적, 환경적 및 사회적으로 해결 불가능한 문제를 많이 안고 있다. 이 문제들은 지속적인 시장 주도 경제로의 이행으로 인해 실질적으로 악화되고 있다"고 비난했다.[5] 자본주의 시스템으로 가는 것은 중국이나 중국민에게 도움이 되지 않는다, 자본주의가 그들에게 해를 끼친다는 얘기다. 토론수업에서는 "지금까지 일어난 가장 가슴 아픈 일은 중국의 사회복지 시스템 해체"라며, "지난 2~3년, 이런 시스템들이 하루아침에 한꺼번에 붕괴되는 것을 목격했다. 국가기관은 물론 '민간 주도 부문'의 누구도 문제 해결을 위해 개입하려 들지 않는다"고 안타까워했다. 그에 의하면 유일한 해결책은 명백히, 공산 전체주의 체제로 되돌아가는 것이다. 그런데 알다시피, 공산 전체주의의 복지 시스템이 제대로 작동하지 않는다는 것은 이미 검증되었다. 실패한 '한 아이 정책(계획생육정책計劃生育政策)'이 단적인 보기다.

이 토론수업에서 한 학생이, 마오쩌둥의 대약진운동으로 3천만 중국인이 굶어 죽은, 세계사상 인간이 초래한 가장 큰 기근에 대해 물었다. 멀다빈은 대답했다. "나는 그 기근을 감출 생각은 없네. 그러나 기근이 있었다고 해서 집단경제의 다른 이점들과 사유화의 부정적 측면들을 무시할 수는 없지."[6] 그러니까, 3천만이 죽었다고 해서 그 개발전략을 깎아내릴 수는 없다는 말인가? 2천만의 러시아인을 죽인 스탈린의 계획도 마찬가지로 아주 훌륭한 개발전략이라고?

교수들이 중국을 좋아한다면, 쿠바는 아예 사랑하는 수준이다. 스탠퍼드대 스티븐 셴델 교수는 "쿠바에는 한정된 자원을 배분하는 공평한 시스템과, 보편적 무료 보건, 그리고 전국적인 배달 제도가 있다. 물자가 부족한 것은 사실이지만, 온정은 아주 풍부하다"고 한다.[7] 세인트루이스대 샤론 프레이 교수도 "공동체 의식과 범세계적인 시야, 그리고 온정 면에서 쿠바가 미국보다 훨씬 앞서 있다"고 한다.[8] 처참한 생활방식에, 설탕을 팔아 연료를 구하는 나라다. 암에 걸려도 설비와 약이 없어 사람이 죽어가는데, 온정이 무슨 도움이 된단 말인가.

쿠바에서 하버드대에 방문교수로 온 마리오 코율라 교수는 베를린 장벽이 무너진 뒤에도 쿠바는 붕괴되지 않았다는 것을 자랑스러워했다. 쿠바에 계급 시스템이 없다는 것도 자랑이다. "사람들은 거리에 테이블을 펴 놓고 도미노 게임을 한다. 길모퉁이에는 언제든 사람들이 놀 수 있는 잡화점이 있다. 바로 사회계급이 평준화된 분위기다."[9] 평등하게 가난한 저 나라 사람들이 도미노 게임이나 하고 있는 동안, 여기 우리는 전 세계가 의존하는 거대한 경제를 창조한다. 그래도 계속 도미노나 하고 있을 텐가?

## 자본주의·자본가·기업 혐오

대학 내에서도 트로츠키파[레온 트로츠키Leon Trotsky는 레닌의 1917년 소비에트혁명 동지로, '세계혁명론'을 주창하다 레닌 사후 스탈린에 의해 암살되었다.]는 복수의 일념으로 자본주의를 증오한다. 트로츠키파에 의하면 자본주의는 잘한 일이 아무것도 없다. 빈부 격차만 확대했고, 돈을 위해 인민을 착취하는 결과를 낳았다는 것이다. 경제가 성장한 것은 자유시장경제 덕분이 아니라 다른 요인 때문이라고 한다. '정치학 167A' 수업에서 스클라 교수는 "지식인들이 25~30년 전만큼 반反 자본주의적이지 않다"(2002년 4월 16일)고 했다. 그때라면 내가 태어나기도 전이지만, 만약 지금의 교수들이 그때의 교수들보다 덜 반 자본주의적이라면, 그때는 얼마나 끔찍했을까!

멀다빈 교수의 '지리학 5' 과목 참고문헌 하나에 이런 말이 나온다. "시장 주도 생산 및 분배 시스템은 식량 공급 실적이 좋지 않으며, 저변에 깔려 있는 빈곤 구조를 해결하지 못해 세계 인구의 4분의 1 이상을 기아로 몰아넣었다."[10] 진실은 그 반대다. '비非 시장 주도' 시스템 때문에 옛 소련에서 2천만 명, 중국에서 3천만 명, 전 세계에서 추가로 수백만 명이 굶어 죽었다. 혹시라도 미국 역사에서 시장 주도 시스템이 수백만의 국민을 죽인 사실을 내가 모르고 있다면, 누군가 꼭 지적해 주기 바란다.

2000년 가을학기 저겐 에슬레츠비칠러 교수 담당의 '지리학 4(세계화: 지역 발전과 세계경제)' 강의계획서에 나온 말이다. "학기가 끝나면 학생들은 세계경제의 기초적 양상과, 그것이 어떻게 역사적으로 발전해 왔고, 어떻게 이런 과정들이 불평등과 빈곤을 야기했는지 이해하게 될 것이다." 자본주의가 불평등과 빈곤의 원인이라고 은연중 시사하는 말이다. 그런데요 교수님, 세계시장에 참여한 나라는 모두 경제성장을 이룩하지 않았습니까?

부유한 나라와 가난한 나라의 격차가 벌어졌다는 것도 사실과 다르다. 가난한 나라가 부유해지지 못했다는 말이 아니라, 상대적으로 덜 부유하다는 말에 불과하다. 예를 들어, 교장인 나는 연봉이 10만 달러이고 평교사인 당신은 3만 달러라고 하자. 새해에 내 연봉은 5천 달러(5%) 올라 10만 5천 달러가 되고, 당신은 3천 달러(10%) 올라 3만 3천 달러가 됐다. 올해 우리의 수입 격차는 7만 달러에서 7만 2천 달러로 2천 달러 더 커지겠지만, 아무튼 당신은 작년보다 더 많은 돈을 벌게 된다! 불평등 그 자체가 빈곤을 만들어 내는 것이 아니다.

노벨경제학상까지 받은 MIT의 로버트 M. 솔로 교수 같은 사람조차 "자유방임적 자본주의는 방대한 소득불평등과 그보다 더 방대한 부의 불평등을 생성하는 경향이 있다"고 한다.[11] 같은 대학의, 역시 노벨경제학상을 받은 케네스 애로도 마찬가지다. "자본주의 자체는 규제를 받지 않을 때와 견제와 균형이 없을 때는 제대로 작동하지 않는다."[12] 토머스 슈그루 교수(유펜-필라델피아)는 자본주의가 흑인계층의 저성장을 초래하며, "아프리카계 미국인들은 그 불평등으로 인한 저소득을 부당하게 감내해야 한다"고 한다.[13] 이는 사실과 다르다. 인디펜던트연구소의 로버트 힉스와 밴더빌트대의 로버트 마고는 20세기에 흑인 평균소득이 백인 평균소득보다 훨씬 크게 증가했다는 계산 결과를 내놓았다.[14] 노벨상까지 받은 교수님들께 미안한 얘기지만, 누구든지 자동차를 거저 얻을 수는 없지 않은가(세탁기라면 또 몰라도).

현대사에서 가장 친 자본주의적인 철학자 아인 랜드(Ayn Rand, 1905~1982)는 교수들 사이에서 격하되고 있다. 존 러슨 교수(유펜)는 "랜드의 생각에는 특별히 독창적이거나 흥미로운 것이 없어서, 그의 이름은 연구할 가치 있는 철학자 명단에 오를 자격이 없다"고 한다.[15] 마이클 F. 샬레이 교수(UC어바인)도 "랜드의 글들은 철학적으로나 정치적으로 일종의 변종"이어서, "그녀의 객관주의는 철학자들로부터 전혀 인정받지 못하고 있다"[16]고 한다. 나는 종교를 가진 사람으로서 아인 랜드의 근본적으로 부정적인 종교관에 대체로 동의하지 않는다. 그렇다고 철학에 끼친 그녀의 공헌을 무시하는 것은 어리석다. 랜드의 자본주의 옹호론은 오늘날

과거 어느 때보다도 중요하다. 세금이 오르고 삶의 모든 부문에 정부가 개입하려 드는 현 상황에서, 랜드의 자유주의적 철학은 논쟁에서 최소한의 균형을 유지하기 위해서도 필요하다.

교수들 사이에서 '이윤(profit)'은 저주받은 낱말이다. 뭐든지 잘못되면 그것은 사람들이 오직 이윤을 위해 행동하기 때문이라고 한다. 서비스 제공은 이타적으로 실행할 때만 가치가 있다는 것이다. 인간은 보상을 추구하며 행동하는 존재이고, 이윤이야말로 열심히 일하는 데 대한 가장 확실한 인센티브라는 사실을 교수들은 외면한다.

아마도 가장 좋은 사례는 담배산업에 대한 증오일 것이다. 교수들은 담배산업이 이윤 동기를 기반으로 운영되고 있다는 이유로 공격한다. 플레처 볼드윈 교수(플로리다대)는 "우리 주가 미국 담배산업의 이윤을 박탈하고 있어 흐뭇하다"고 했다.[17] 수천 명의 사람들이 일자리를 잃는 것이 그렇게 흐뭇해 할 일인가?

"담배 테러리스트들은 우리의 자유를 증오한다. 우리가 니코틴 중독과 이른 사망으로부터 해방될 자유를." 존 크리드 교수(알래스카대)의 말이다. "거대 담배회사들은 매년 40만 명의 미국인을 죽이고 있는, 예방 가능한 전염병으로부터 막대한 이윤을 취하고 있다."[18] 담배 테러리스트라고? 담배를 가득 실은 비행기를 몰고 빌딩에 돌진하기라도 한다는 말인가? 담배를 원하는 시장에 제품을 공급하는 일이 그렇게나 큰 범죄인가? 예일대 의과대학장 데이비드 케슬러에 의하면 그렇다. "담배가 합법적 제품이라지만, 사람을 의도적으로 죽이는 데 사용되는 제품에서 이윤을 얻는 것을 허용해서는 안 된다"는 것이다.[19] 하지만 사람들은 자발적으로 담배제품을 구입하고 있지 않은가. 필립 모리스 직원이 남의 집에 침입해서 총을 들이대고 담배를 사라고 강요하기라도 한단 말인가?

담배와 마찬가지 이유로 교수들은 "무서운 심장질환을 일으키는" 버거킹과 맥도널드, 나아가 모든 정크푸드를 증오한다. 『식품 정치: 미국에서 식품산업은 영양과 건강에 어떤 영향을 끼치는가?(Food Politics: How the Food Industry Manipulates What We Eat to the Detriment of Our Health)』를 쓴 매리언 네슬 교수(NYU)는 "모든 제조음식은 과식을 부추기도록 설계되어 있다. 식품산업의 기능은 사람들로 하여금 음식을 더 적게가 아니라 더 많이 먹도록 하는 것"이라고 한다.[20] 담배회사처럼 식품회사들도 돈을 벌기 위해 우리에게 그들의 음식을 먹도록 강요한다는 얘기다.

이 모두가 이윤의 죄다. 이윤이 창출되지 않으면 아무도 패스트푸드를 먹지 않을 것이고, 모두가 슈퍼모델 신디 크로포드나 영화배우 맷 데이먼 같은 몸을 가질 것이다. 아무도 담배를 피지 않을 것이고, 공기는 깨끗해지고, 폐암으로 죽는 사람도 없을 것이다. 지당한 말씀이다. 하지만 — '선택할 권리'는?

마르크스주의자를 자처하는 데이비드 마이클 교수(텍사스대)는 자본주의가 "착취와 억압, 인종우월주의와 차별, 전쟁 등속에 기반한 체제"라고 한다.[21] 그래서 대학의 공산주의자들은 자본주의만이 아니라 자본가도 증오한다. 그리고 자본가 하면 맨 먼저 떠오르는 이미지는 단연 '잘사는 백인'이다. 이들의 눈에 부유해진다는 것에는 태생적으로 올바르지 못한 요소가 있다. 잘산다는 것은 남의 것을 빼앗았다는 뜻이고, 인종차별주의자라는 뜻이며, 법을 쥐락펴락하고, 정치를 편향시키고, 농민을 죽인다는 뜻이라는 것이다.

'지리학 5' 수업에서 자칭 공산주의자인 멀다빈 교수는 플라톤을 인용하면서(어느 책인지는 밝히지 않았다), "무지한 부는 가난보다 악하다"고 말했다(2001년 1월 23일). 메시지는 명확했다. 부자이면서 좌파가 아니면 악이라는 것이다. 강의 참고문헌인 『LA의 살인적 공기(LA's Lethal Air)』라는 선전책자는 "부자들은 한 사람의 불행을 다른 사람의 이익으

제3장 아직도 마르크스 **65**

로 여긴다"[22]고 썼다. 글쎄, 나는 누가 일자리를 잃었다는 말을 듣고서 내가 이익을 봤다는 느낌은 들지 않던데? 자본주의의 위대한 점은, 우리 모두가 똑같은 상황과 맞닥뜨린다는 사실이다. 불황은 가난한 사람만 공격하지 않는다. 호황도 마찬가지다. 가난한 사람이 잘돼야 모든 사람의 지갑이 두터워진다.

언제나 강의보다 언론 글쓰기에 열심인 로버트 왓슨 교수는 〈UCLA 데일리 브루인〉 기고에서, 교수들이 다른 사람들보다 인품이 고결해서 돈을 경멸한다고 했다. "바깥 직장에서 제안하는 막대한 연봉을 마다하고 젊은이를 가르칠 기회를 선택하고 지적인 독립을 지키는 교수들이야말로 미국 문화의 자기숭배와 금전 숭배에 의문을 던질 수 있는 사람들이다."[23] 우리에게 그렇게 순수하고 이타적인 교수들이 있다니!

부자는 자본주의의 상징이고, 기업은 그 부자보다 몇 배나 더 부자다. 따라서 교수들은 기업도 증오한다. 기업은 환경을 파괴하고, 가난한 노동자를 착취하고, 압제적이고, 악덕 중의 악덕인 이윤을 위해 도덕적 한계를 넘기도 마다하지 않기 때문이란다.

'지리학 5' 수업에서 멀다빈 교수는 "기업은 제3세계를 원격지에서 통제하고 착취하는 원흉"이라고 했다(2001년 2

월 1일). 왓슨 교수는 〈UCLA 데일리브루인〉 기고에서 "대기업들은 홍보팀을 꾸리고, 미디어 회사를 소유하고, 입법자들을 매수한다"[24]고 했다. 강의실과 대학신문은 오늘도 이런 쓰레기 같은 발언들로 넘쳐 나고 있다.

텍사스대의 왓슨이라 할 수 있는 다나 클라우드 교수가 이 학교 대학신문 〈데일리 텍산(Daily Texan)〉에 '노동자를 위한 서약서'라는 글을 기고했다.

나는 전 세계 모든 보통사람들 앞에

해고된 엔론과 월드컴[2001~02년 대규모 분식회계 사태로 파산한 기업들]의 노동자들

멕시코 보세공장 노동자들

뉴욕에서 인도네시아에 걸치는 저임금 노동자들

하느님 아래가 아니라, 다국적기업의 발밑에서 일하는 사람들 앞에

충성을 맹세합니다."[25]

UCLA '지리학 124' 강의의 메릴린 라파엘 교수도 기업을 혐오스러운 오염원 보듯 한다. "오염물질을 버리는 개인들이 처벌받지 않듯, 기업도 처벌을 피해 간다"(2002년 4월 4일)는 것이다. 틀린 얘기다. 오염물질을 버리는 개인이

처벌받지 않는 것은, 모든 개인을 일일이 감독할 자원이 정부에 없기 때문이다. 그리고 오히려 기업의 머리 위에는 항상, 어느 순간이나 정부가 고용한 감시자가 있다.

멀다빈 교수 과목의 참고문헌 하나는 기업이 "시장에서 광고, 시장점유율, 가격 등등을 통해 권력을 행사하여 우리의 선택을 결정한다"[26]고 한다. 또 다른 참고문헌은 "우리 모두가 함께 창출한 부를 분배함에 있어 기업이 주장하는 무제한의 권리는, 민주주의의 원리보다 신권적神權的 제왕권에 가깝다"[27]고 한다. 기업이 고대의 제왕처럼 노동자를 쇠사슬로 묶고 채찍으로 후려쳐 일을 시키면서 돈은 한 푼도 안 준다? 실상은, 기업은 통상임금을 잘 지불하고 있다. 그리고 돈에 대한 권리에 대해 말해 보자면, 부는 창출한 사람이 가지는 것이다. 기업은 자기들이 적당하다고 생각하는 데 따라 그것을 분배할 권리가 있다.

저겐 에슬레츠비칠러 교수의 2000년 가을학기 '지리학 4' 강의 주교재는 컴퓨터 그래픽을 가미해 가며 산업자본주의를 '알기 쉽게' 설명하고 있다. 뚱뚱한 고양이(기업가)가 해골(죽음)을 데리고 마차를 타고 있고(6주차), 뚱뚱한 고양이(영국) 기업가의 머리에서 팔이 나와서 저개발국가를 움켜쥐고 있는(8주차) 식이다. '낙수(trickle-down) 효과'['적하滴下효과'라고도 한다. 기업이 창출한 부가 흘러넘쳐 사회 하위부문에 고르게 혜택이 가는 현상. 반대는 '분수(fountain) 효과'이며, 소득 주도 성장론이 그 보기를 설명하는 그래픽도 있었다. 뚱뚱한 고양이(기업가)가 지구 꼭대기에 서서 하반구에 오줌을 누는 장면이었다(6주차). 이런 것들을 경제이론의 메커니즘을 객관적으로 설명하는 그림이라 할 수 있을까?

6주차 수업 때는 영화 〈로저와 나(Roger and Me)〉도 보여주었다. 미시간주 플린트의 제네럴모터스(GM) 공장 해고 사태를 다룬 다큐멘터리다. 주인공 마이클 무어가 GM 회장 로저 B. 스미스를 추적한다. 아마존닷컴의 평론가 숀 액스메이커는 "마이클 무어가 회사의 직원들에게 연출을 시켰다"[28]고 분명히 밝혔다. 그런데도 에슬레츠비칠러는 연출이 아니고 실제로 일어난 일을 정확하게 담았다고 우기면서, 영화가 "세계화의 어두운 면을 잘 보여 주었다"고 평했다.

교수들은 또, 기업들은 다 부패했다고 믿고 기회 있을 때마다 이를 강조한다. 새천년 들어 봇물 터지듯 연이어 일어난 기업 부패 스캔들과 관련된 〈워싱턴포스트〉 인터뷰에서 교수들은 입을 모아 "이들은 모두 전형적인 사례에 속한다"(유진 화이트, 러트거스대), "비즈니스 세계에서 어떤 방식으로든 이들 부패에 연루되지 않은 사람은 없다고 본다"(제프리 가튼, 예일 경영대학장), "전에는 기업 부패를 비교적 드

문 경우라고 믿었지만 지금은 그렇게 생각하지 않는다"(제이 로시, 하버드대, 경영학)고 말했다.[29]

교수들의 이 모든 비뚤어진 시각이 학생들에게 영향을 미친다. 2002년 대학 졸업반을 대상으로 실시한 NAS/조그비 설문조사에서, 학생의 28퍼센트는 '성공을 위해서는 "뭐든지 한다"는 태도가 가장 유리하다'고 답했다. 특히 언론, 법조, 교직, 과학과 의학, 공무원 지망생들에게서 높은 수치가 나왔다. '엔론과 다른 기업의 유일한 차이'로는 56퍼센트가 '엔론이 운이 나빴다'고 답했다.[30] 반면 일반인을 상대로 한 다른 여론조사에서는 '대부분의 기업에 부패가 만연하다'에 10퍼센트만이 동의했다.[31] 대학생과 일반인 사이의 이런 시각 차이는 놀라운 것이다. 대학생들이 기업은 악이라고 믿는다면, 자본주의를 어떻게 생각할지는 안 봐도 뻔하다.


## 거대 노조와 대학의 결탁

교수들과 노동조합 사이에 더러운 거래가 진행되고 있다. 노조는 악명 높은 반 자본주의 단체다. 그들은 마르크스주의혁명을 '귀족정치'에 대항하는 노동자들의 혁명이라고 생각한다. 몇십 년 전, 집단적 교섭력이 필요할 때는 노조가 필수였다. 오늘날의 노조는 민주당과 결탁하여 시장의 정상적인 작동을 방해하는 성가신 존재일 뿐이다. 교수들은 거대 노조와 한패이고, 학생들도 한패가 되라고 부추기고 있다.

1996년의 〈뉴욕타임스〉 보도가 거대 노조와 대학의 밀월을 낱낱이 상세히 보여 주었다. 전국 곳곳에서 교수들이 학생들에게 노조 조직자 역할을 부추기고, 노조 관계자들에게 무료 법률 강좌를 제공하고 있다. 신문의 표현대로 "오늘날의 지식인들은 노동자들에게 단순교육 수준 이상의 훨씬 더 실질적인 지원을 약속하고 있다."

교수들이 학생들을 세뇌시켜 노동단체 지원에 투입하는 이 행태를 좀 더 자세히 들여다보자.

코넬대 교수들은 미국노동총연맹(AFL-CIO)과의 연석회의에서 조직 강화 문제를 협의했다.

(…) [1996년] 10월 초, 수십 명의 학계 지도자들이 컬럼비아대에서 노조 지도자들과 함께 1960년대식 공개토론을 열었다. 새 노조 지도층을 학계가 추인하고, 노동자 조직의 목표를 성취하기 위해 학계가 더 잘할 수 있는 일이 무엇인지 모색하려는 것이었다. 비슷한 공개토론이 위스콘신, 플로리

다, 이스턴일리노이, 웨인주립대-디트로이트, 텍사스대-엘패소를 비롯한 10여 개 대학에서도 예정되어 있다.

(…) 교수협의회 관계자들은 노조와의 사이에 새로 구축한 우호관계가 전적으로 이타적인 것만은 아님을 인정하여, AFL-CIO가 교수들의 종신직 유지 투쟁을 지원하고, 교육예산 인상과 삭감액 복구를 촉구하는 학내 투쟁을 노동계가 지원해 주기를 희망한다고 밝혔다.[32]

같은 기사에 의하면, UCLA 교수들은 AFL-CIO측에 하계투쟁을 조직하는 요령을 조언했고, 1천 명 넘는 학생들이 노조들을 위해 일하고, 로스앤젤레스 전역의 소규모 공장들의 노조 설립을 도왔다고 한다. 이를 반영하듯 AFL-CIO의 '우리의 사명'에는 "광범위한 진보 연합체를 결성해 사회 및 경제 정의를 위해 발언한다"[33]는 조항이 있다.

현실정치에서 이는 AFL-CIO가 민주당 후보를 조직적, 전폭적으로 지원한다는 것을 의미한다. 연맹은 2002년 중간선거 기간 중 71만여 달러를 민주당 연방직 후보에게 헌금했다. 더 많은 헌금을 한 노조들도 있다. 같은 기간 북미노동자국제연맹(LIUNA)과 트럭노조(Teamsters Union)는 연대하여 무려 221만여 달러를 민주당 연방직 후보들에게 제공했다.[34]

이들의 강성 노조운동은 교수들이 지원하는 핵심 활동이

고, 따라서 학생층의 중심적인 운동이기도 하다. 진보란 이렇듯 언제나 극단적인 리버럴과 공산주의를 의미한다.

이것이 문제의 핵심이다. 교수들은 자본주의의 이 모든 단점을 해결하기 위해, 모든 사람이 더 평등해지기 위해, 사유재산을 철폐해야 한다고 주장한다. 이것은 공산주의다. "공산주의 이론을 한마디로 요약하면 사유재산 철폐"라고 말한 것은 카를 마르크스다(『공산당 선언』). 교수들은 바로 그것을 원한다.

UCLA의 지리학 강좌 참고문헌 중 하나는 "기아에 맞서기 위해서는 소유의 의미를 근본적으로 재검토해야 한다"[35]고 주장한다. 배고픈 사람들은 사유재산에 책임을 돌리게 마련이다. 그것이 좌파의 전략이다. 로런스 트라이브 교수(하버드 로스쿨)는 미국 헌법에 "부의 재분배에 반대하는 내재적 편견"이 담겨 있어 진보에 걸림돌이 된다고 생각한다. 그러나 토머스 소웰의 말처럼, "법의 지배가 편견으로 여겨지는 때는 (…) 미국 헌법의 원리들이 조용히 사라진 뒤일 것이다."[36]

사유재산 철폐는 부의 무제한한 재분배를 의미한다. "빈곤의 원인이 세계의 부를 불평등하게 분배한 데 있다면, 빈곤을 퇴치하고 그와 함께 인구 위기를 종식시키기 위해서 국가 간 및 국내적으로 부를 재분배해야 한다"[37]고 극좌파

배리 코모너 교수는 말한다. 그런데, 어떤 사람의 재산을 빼앗아 다른 사람에게 줄 권리를 누가 코모너에게 주었는가? 그런 일은 사유재산권이 철폐된 공산주의 사회에서나 가능할 뿐이다.

현실적으로 이들 마르크시스트들은 "10만 달러 이상 버는 고소득층에 집중적으로 세금을 매기고, 기업의 법인세율은 고소득층 세율보다 훨씬 높게 인상해 대대적인 부의 재분배를 실현"[38]할 것을 요구한다. 폴 얼리치 교수(UCLA)는 "부유한 나라에서 낭비성 소비를 줄여, 빈곤한 나라에 필요한 성장을 이룩하도록 해야 한다. 모든 수준에서 평등이 신장되는 방향으로 우리의 사회정치체제를 대폭 개선해야 한다"[39]고 주장한다. 미국 최대의 사회주의 조직인 미국민주사회주의연맹(The Democratic Socialists of America)은 "우리는 개인의 이윤에 의하여 유지되는 국제경제질서를 거부하기 때문에 사회주의자이다"[40]라고 선언한다. 이 단체에는 명예위원장에 보그댄 데니치(뉴욕시립대CUNY)와 코넬 웨스트 교수(프린스턴대), 부총재에 프랜시스 폭스 파이븐(CUNY)과 로즈매리 류터 교수(유니언신학대학원) 등 교수들이 많이 포진하고 있다.[41]

부자들이 개같이 돈을 벌면 그 돈을 빼앗아 가난한 사람들에게 주라 — 이것이 지식인들이 설계하는 이상사회의 모습이다.

모든 교수가 공산주의자는 아니다. 실제로 대다수는 그렇지 않다. 그러나 대학 안에는 사회주의의 한때의 '영광'을 되살리려는 단합된 움직임이 분명히 있다. 중국과 쿠바 같은 공산주의 독재를 찬양함으로써, 자본주의의 가치를 폄하함으로써, '이윤'을 더러운 말로 만듦으로써, 부자들을 가난한 사람들의 피를 빨아먹는 거머리 같은 악마로 묘사함으로써, 기업을 환경과 제3세계의 파괴자로 묘사함으로써, 거대 노조와 결탁함으로써, 사유재산 개념 자체를 재평가해야 한다고 설파함으로써 그들은 그 목표를 달성하려 한다.

전 세계적으로 마르크시즘은 죽어 가고 있다. 그러나 미국 대학에서는 펄떡펄떡 살아 움직이고 있다.


## 그들의 '자연'에 인간은 없다

반 자본주의, 반 기업은 자연스럽게 환경주의라는 이름의 개발 혐오로 연결된다. 환경보존을 강조하고 녹색을 사랑하는 저 포괄적 환경주의가 아니라, SUV차량 금지를 요구하고, 모든 오염의 책임이 미국 기업에 있다고 비난하고,

모든 산림 벌채를 저지하려고 하는(마치 그러면 산불을 방지할 수 있다는 듯이) 극단주의적 환경주의다.

교수들은 환경이 모든 면에서 위기라고 가르친다. 지구온난화는 지구를 바삭바삭하게 태워 버릴 것이다, 알래스카의 석유를 퍼올리면 지구 상의 모든 순록이 죽을 것이다, 농약을 사용하면 거대한 슈퍼버그(superbug)가 등장해서 지구를 지배하게 될 것이다, 생명공학은 팔이 9개 달린 사람 같은 새롭고도 더 끔찍한 문제를 만들어 낼 것이다, 등등.

이런 말이 학생들에게 먹혀들어 간다. 2000년 갤럽 조사에서, 대학생의 80퍼센트가 환경이 악화되고 있다고 생각하고 있는 것으로 나타났다.[42] 교수들은 랠프 네이더를 추종하는 완전히 새로운 세대를 만들어 내고 있다. '생명과학 15' 수업에서 브렁크 교수는 "인간은 그저 침입자일 뿐"이라고 했다(2002년 6월 6일). 대자연의 요구가 인류의 요구에 우선하며, 필요할 경우 주위 환경에 영향을 주기보다는 인간이 죽도록 해야 한다는 것이다. 그래서 신세대는 지구가 인간만 제외하고 모두에게 훌륭한 곳이며, 인간은 우주의 재앙이라고 생각한다.

인간이 초래했다고 교수들이 말하는 대표적인 재앙이 지구온난화다. 윌리엄 무모 교수(터프츠대)는 기후 변화와 싸우는 것이 노예제도 폐지, 여성참정권 지지, 민권운동 행

진, 베트남전 반대 투쟁만큼이나 중요하다고 한다.[43]

그들이 말하는 유일한 해결책은, 미국 정부가 이산화탄소 배출을 크게 제한하는 교토의정서에 다시 서명하는 것이다. 1997년 클린턴이 교토의정서에 서명했을 때 교수들은 환호하면서, 의회 비준을 관철하기 위해 투쟁할 것을 결의했다. 그러나 2001년 부시가 국내 산업 보호를 이유로 조약에서 탈퇴하자 교수들은 일제히 부시를 비난했다. 허크거트먼 교수(버몬트대)는 "미국은 고립으로 달려가면서, 포스트모던 세계의 지도자 역할을 포기했다"고 주장했다.[44]

진실은, 클린턴이 교토의정서에 서명한 것이 잘못이고, 부시가 거부한 것이 올바른 것이다. 미국이 교토의정서에 서명한다고 해도 지구온난화를 종식시키는 데는 효과가 거의 없다. 어마어마한 양의 이산화탄소를 배출하는 멕시코, 중국, 인도 같은 개발도상국들이 규제에서 제외되어 있기 때문이다. 미국이 교토의정서에 서명할 경우 지구 기온 상승 저지 효과는 중간값 추정방식에 의하면 향후 반세기 동안 겨우 섭씨 0.06도뿐이다. 그 대가로 미국은 매년 1천억~4천억 달러의 추가비용을 지불해야 한다.[45]

러다이트(Luddites)는 18세기 영국 전역을 돌아다니며 기계를 파괴하고 산업혁명에 반대하던 안티테크놀로지 직공

단체다. 백 년 전에 사라진 러다이트의 망령이 대학에서 되살아나고 있다. 모든 기술은 반反 환경적이라고 교수들은 가르치고 있다. 한마디로 수렵채집 시대로 돌아가야 한다는 것이다. 오리건대 쳇 보워스 교수는 컴퓨터를 "식민지화하는 기술"이라고 한다.[46] 미디어 및 기술 비평가이며 뉴욕대 문화커뮤니케이션학과장인 닐 포스트먼 교수는 리젠트대에서 열린 저널리즘학회에서 "모든 기술적 변화는 파우스트의 거래"[괴테 『파우스트』에서, 주인공 파우스트 박사가 악마 메피스토펠레스와 '영혼과 젊음을 맞바꾸는' 거래를 한 것에 빗댐]라고 했다. "표음문자와 활판인쇄술, 전신과 사진까지, 발명이 풀어 낸 모든 문제는 전에 없던 문제를 하나씩 야기했다"[47]는 것이다. 그러니까, 자연과 소통하는 가장 좋은 방법은 기말과제를 돌에다 새겨 제출하는 것이겠군!

그래서 농약을 증오한다. 농약으로 인해 얻은 모든 생산성은 가치가 없고, 농약은 환경 악화만 초래할 뿐이라고 생각한다. 농약반대운동의 성자聖者는 레이첼 카슨이다. 카슨의 『침묵의 봄(Silent Spring)』(1962)은 살충제 DDT가 모기만 죽이는 것이 아니라, 인간에게 해롭고 대머리독수리 알껍질을 얇게 만들 수 있다는 등의 검증되지 않은 이유를 들어 DDT 금지를 주장했다. 미 환경보호국은 카슨의 주장에 따라 DDT 생산을 제한하고, 미국 내 토양에 사용하지 못하도록 했다.

그 결과는? 이 책 하나 때문에 전 세계에서 3천만~6천만 명이 말라리아에 희생됐다.[48] 〈월스트리트저널〉의 사설이 지적한 대로, "DDT 금지를 주장한 사람들은, DDT 사용으로 해를 입었을지 모르는 새들의 목숨과, DDT로 구할 수 있었던 제3세계 어린이들의 생명, 둘 가운데 어느 쪽이 중요한지 답해야 한다."[49] 교수들은 '새들의 목숨'이 더 중요하다는 입장을 아직도 고수한다.

1960~70년대의 '녹색혁명'은 식량 생산에 말 그대로 혁명이었다. 새로운 형식의 고수익 작물이 개발되고 농약과 비료 사용이 증가해, 그에 따른 작물 생산 증가로 식량 공급 증가가 세계 인구 폭등과 보조를 맞출 수 있었다. 그러나 대중에게 좋은 것이라면 교수들은 증오해야 한다.

'생명공학 15'의 브렁크 교수는 "겨우 10년 사이에 인구 증가가 녹색혁명의 이득을 압도해 버렸다"고 말했다(2002년 5월 30일). '지리학 5'의 멀다빈 교수는 "녹색혁명은 식량 분배 문제를 무시했고, 녹색혁명의 주요 효과는 토양 침식, 수질 악화, 화학물질 투입, 유전자 변형, 그리고 사회적 재난"이라고 했다(2001년 3월 8일). 거짓말이다. 식량 증산은 인구 증가와 보조를 같이했다. 지구상에는 모든 사람을 먹이고도 남을 만한 식량이 있다. 녹색혁명의 혜택이 모든 인류에게 돌아가지 않은 것은 사실이지만, 그래도 수억 수십억 명을 기아에서 해방시켰다는 사실은 비켜갔다. 그들에게는 토양 침식이 더 중요했다.

래비 바트라 교수(서던메소디스트대)는 "녹색혁명은 빈곤을 퇴치하기는커녕 실질적으로 증가시키고, 농촌의 빈부격차를 해소하기는커녕 확대했다"[50]고 주장했다. 이번에도 그가 틀렸다. 녹색혁명으로 인도의 절대빈곤이 절반으로 줄었다.[51]

녹색혁명 자체를 증오하니, 유전자조작(GM) 작물은 말할 것도 없다. GM 작물의 부정적 영향은 아직 실증적으로 검증된 바 없다. 브렁크 교수도 "유전자조작 식품이 인간의 건강에 악영향을 미친다는 증거는 전혀 없다"는 것을 시인하면서도, "잠재적 문제가 현실화되는 과정은 대단히 짧다"고 했다(2002년 6월 4일 수업). 수백 명의 대학교수가 가입한 '참여과학자모임' 대표 제인 리슬러 교수도 "GM 식품의 불확실성과 위험을 우려하며, 지속가능한 농업에 유용하지 않다"는 입장이다.[52] 반대증거가 없다면서, 왜 지레걱정하는가?

대학교수들은 끊임없이 '생물다양성'을 설교한다. 이들은 인간이 환경의 일부라는 것, 다양한 생물종의 멸종은 수백 년째 진행되고 있는 과정이라는 사실은 무시하고, 인류가 생물다양성에 끼치는 부정적 영향만 부풀린다.

에드워드 O. 윌슨 교수(하버드대)는 "인간의 활동 때문에 생물종들이 사라지는 속도가 가속되고 있다"[53]고 했다. 그는 이 멸종률이 "인류가 등장하기 전보다 100~1천 배 높다"고 했다.[54] 도널드 A. 레빈 교수(텍사스대)는 "현존하는 조류와 포유류 종의 절반이 200~300년 안에 멸종될 것"이라고 경고했다.[55]

이 모든 말이 거짓이다. 줄리언 사이먼 교수(메릴랜드대)는 "종말론자들이 주장하는 멸종률은 순전히 추측이며, 실제 멸종률은 그들이 주장하는 수치의 1천분의 1도 되지 않는 것으로 나타난다. 만약 이보다 더 낮다면, 진화론 자체를 의심해야 한다"고 단언했다.[56] 『회의적 환경주의자(The Skeptical Environmentalist)』(2001)로 센세이션을 일으킨 덴마크 아르후스대학교의 비외른 롬보르 교수도 멸종률이 "향후 50년간 0.7퍼센트", 다시 말해 매년 0.014퍼센트가 될 것으로 추산하며, 이는 환경주의자들의 호들갑 떠는 수치의 100분의 1밖에 안 되는 수치라고 한다.[57] 롬보르는 우파도 아니다. 그는 자신이 환경주의자들과 동일한 기본적 목표를 가지고 있다고 인정한다. 그러나 그는 환경 문제가 그들이 주장하는 것만큼 심각하지 않다고 본다. 그러나 비열하고 단순한 거짓말 제조기들에 맞섰다가는 어떤 방식으로든 치열한 공격의 표적이 된다. 대표적으로 윌슨은 롬보르에 반대하는 군중을 이끌면서, 매스컴의 롬보르에 대한 관심을 '롬보르 사기'라 격하하고, 롬보르는 "반대를 위한 반대론자, 기생충"이며, 롬보르의 연구는 "의도적 무시, 선별적 인용, 진정한 전문가와의 소통 거부, 파괴적 선동으로 점철되어 있다"고 비난했다.[58]

대학 내 환경주의자들의 호들갑 떠는 그 모든 경고는 요컨대 허무주의적인 반反 인류적 일탈에 지나지 않는다. 인간만 없으면 세계는 영광의 에덴동산이 될 것이라고 이들은 생각한다. 지구온난화도 없고, 차도 없고, 석유도 없다. 얼마나 멋진 곳인가!

급진적, 극단적 환경주의자들의 싸움은 근본적으로 인류의 진보에 반대하는 싸움이고, 인류의 진보에 반대하는 싸움은 인류의 존재 자체와의 싸움이다. 이런 극단주의자들은 희귀하지도, 찾아보기 어렵지도 않다. 그저 근처 대학교에 가 보면 된다.

# 제4장

# 역逆차별적 인종주의

## 미국에선 백인이 소수자

2001년 3월 14일. 나는 UCLA의 학생회관인 애커먼학생조합(Ackerman Student Union) 3층 옥상에 혼자 서서 웨스트우드광장을 내려다보고 있었다. 저 아래 1천 명 넘는 사람들이 모여 구호를 외치고 노래를 부르고 있었다. 시위대는 대부분 흑인이었고 일부는 히스패닉, 그리고 아시아계도 더러 끼어 있었다. LA 일대 고등학교들에서 모여 단체 버스를 타고 온 사람들이 많았다. 확성기를 든 몇 사람의 선동으로 한껏 달아 오른 시위대는 진부한 민권운동 구호 같은 것을 되풀이 외쳤다.

교육은 모두의 권리! 부자와 백인의 전유물이 아니다!
다양성의 부끄러운 민낯!

시위는 UC 입학요강을 바꾸라는 것이었다. 새 요강은 SP-1과 SP-2라는 두 개의 조치를 포함하고 있었다. 피부색이나 출신지가 아니라 학업성적과 SAT 점수만을 가지고 입학생의 50~75퍼센트를 선발한다는 것이 골자다. 바로 이 '블라인드 전형'이, 막상 유색인이고 비 미국인들인 이 사람들에게는 불만이었던 것이다.

내가 옥상에서 커다란 피켓을 들고 서 있는 것을 시위대는 한동안 눈치 채지 못했다.

**다양성보다 능력! SP-1, SP-2 찬성!**

시위대 중 몇 명이 나를 발견하고, 옆 동료들을 쿡쿡 찔렀다. 곧 1천 명 중 3분의 1이나 되는 사람들이 일제히 나를 올려다보며 고함을 지르고, 노려보고, 손가락 욕을 해댔다.

시위대는 바보 같은 구호를 계속 외치며 캠퍼스를 돌아다녔다. 나는 길을 잘 알고 있었으므로 지름길로 먼저 가서 길목을 지키면서, 모든 사람이 볼 수 있도록 피켓을 들고 서 있었다. 집회 지휘부는 이러다 다툼이 생길지도 모르겠다고 여겼는지, 진행요원들로 내 주위를 에워싸 시위대가 나를 덮치지 못하도록 했다.

캘리포니아대학교(UC)에서 이미 백인은 다수가 아니다. UC 전 캠퍼스를 통틀어 아시아계 미국인이 백인보다 많다.[1] '부자와 백인'을 규탄하는 시위대의 구호가 오히려 인종주의적이다. 이렇듯 폭력적이고 감정적이며 역으로 인종주의적인 행동은 진공상태에서 갑자기 생기지 않는다. 어딘가에 원천이 있다. 대학의 경우, 그 직접적 원천은 교수들이다.

교수들이 즐겨 하는 말놀음에 이런 것이 있다.

"인종주의(racism)란, 힘 있는 '우리(Us)'가 힘 없는 '그들(Them)'을 차별하고 '타자(Others)'로서 부당하게 처우하는 것이다."

서로 다른 문화와, 다른 이데올로기를 배경으로 가진 사람들 사이에 평화가 꽃피우도록 하는 유일한 길은 각자가 공동체 전체를 '우리'로 여기는 것이라고 교수들은 평소 강조한다. '그들'이라는 말을 사용하는 순간 다른 사람들을 대상화하여 나를 그들로부터 구분짓게 된다는 것이다. 심오한 얘기지만, 알고 보면 허튼소리다.

UCLA의 생물학 과목 교재는 "오늘날 인종주의란, '우리'와 '그들' 사이에 사회적 불평등을 두는 것으로 정의된다"[2]고 말한다. 누구든 무엇이든, 두 집단 사이에 불평등을 조성하면 그것은 인종주의라는 말이다. 얼빠진 소리다. 때로는 삶 자체에 사회적 불평등이 있기도 하다. 그렇다고 삶이 인종주의적인가? 어떤 사회가 준법 시민('우리')과 강력범('그들') 사이에 '사회적 불평등'을 두면 인종주의가 되나?

"근대 민족국가 개념은 헤게모니를 쥔 집단이 이분법적 사고를 일방적으로 전파하는 장으로 전락했다"[3]고도 한다. '우리만 위대하며 나머지는 쓰레기다' 식의 사고를 국가가 조장한다는 말이다. 그게 어떻단 말인가? 이분법적 사고는 불가피하고 때로는 좋은 것이다. 선과 악의 이분법이 명확할수록 생활은 더 좋아지고 안전해진다.

미국 대학의 유대인 동아리를 힐렐(Hillel)이라고 한다. UCLA 힐렐 지도교수 차임 세이들러펠러(사회학)가 어떤 홀로코스트 추도 행사에서, 나치의 유대인 정책과 이스라엘의 팔레스타인 정책을 비교하며 학생들에게 말했다. "다른 사람들, 다른 사람들, 다른 사람들을 생각해야 합니다. 홀로코스트가 일어난 것은 '다른 사람들'을 생각하지 않았기 때문입니다."[4] 그렇지 않다. 홀로코스트가 일어난 것은 사악한 미치광이 나치가 유대인을 죽이려고 했고, 많은 유럽인들이 그렇게 하도록 내버려두었기 때문이다. 나치는 '다른 사람들'을 생각하고 그들을 죽였다. '다른 사람들'은 어리석고 모호한 추상적 개념이어서, 상황이 악화될 때 아무런 의미를 갖지 못한다.

이 모든 '우리/그들' 이분법에 대한 경멸은 고등학교에까지 스며 있는 것 같다. 한번은 내가 한 고등학교 학생들 앞에서 아랍—이스라엘 문제에 관해 이야기할 기회가 있었다. "그들(아랍)이 우리(미국과 이스라엘)를 공격하는 한, 우리는 아랍인을 인종적으로 구분해야 한다고 생각합니다." 한 학생이 격렬하게 항의했다. "왜 강연자께서는 '우리'와 '그들'을 편가르기하나요? 그건 인종주의 아닌가요?" "아닙니다. 그게 적절한 문법인데요."

어떤 집단이 나쁜 짓을 하고 있다고 하자. 우리는 그들을 '그들'이나 '타자'라고 불러서는 안 되는가? 악인들조차 '우리'의 일부로 여겨야 한다는 말은, 그들의 행동에 대해서조차 우리가 책임을 지라는 말이나 마찬가지다. 모든 것이 '우리'의 잘못이니 말이다. 이를 거부하면 인종주의자로 몰린다.


## 흔들리는 역사교육

미국의 역사학자들은 세계사 교육이 지나치게 '유럽중심주의적(Eurocentric)'이라 생각한다. 아프리카사보다 유럽사에, 아메리카 원주민의 역사보다 유럽인 이주 이후의 역사에 더 많은 강의시간을 할애하고 있다고 말이다.

교수들은 유럽과 근대 미국의 역사가 아메리카 원주민이나 아프리카의 역사보다 오늘날의 세계에 더 많은 영향을 끼쳐 왔다는 사실을 순순히 받아들이지 않고, 그 불균형을 바로잡으려고 한다. 그래서 '아프리카인의 관점'이나 '미국 원주민의 관점'에서 역사를 가르치는 것을 '다문화적 조망'이라고 미화한다. 그 결과 "대부분의 미국 대학은 '핵심교과'에서 서구 문명의 위대한 업적을 희석하거나 제거하고 그 자리를 비서구 문화, 아프리카계 미국인 연구, 여성학으로 채웠다. 소수자(minority)의 이익을 대변하는 데 열을 올리는 교수들은 이데올로기적으로 경도된 연구까지도 허용받고, 과도한 인종주의적 함의를 띤 기이한 주장을 해도 비판을 면제받는다."[5]

이런 관점은 그대로 대학의 개설과목에 반영된다. 카네기 멜런대 역사학과의 '성역할과 사회 변화'라는 과목은 "다양한 사회 속 여성과 남성의 역할, 행동, 신념"을 다룬다. 스탠퍼드대 '역사 36N' 과목은 '게이의 자서전'이라는 부제 아래 "아홉 개의 자서전으로 본 젠더, 정체성, 연대"를 다룬다. 뉴욕대에는 '미국사 속 인종, 젠더, 섹슈얼리티'라는 과목이 있다. 강의개요는 "미국사 전반에 걸쳐 유색인, 여성, 게이와 레즈비언 들의 복종을 유지할 목적으로 제기된 사회적, 경제적, 도덕적, 정치적 논의들은 섹슈얼리티 영역을 둘러싸고 이루어지기 일쑤이다"라고 되어 있다.

오벌린칼리지 역사학과에는 '백색의 굴레: 인종 범주의 사회적 구성'이라는 믿기 어려운 과목이 있다. 강의 개요를 보자. "미국사 전반에 걸쳐 '백인'으로 간주되는 사람들이 비非 백인들의 희생 위에 사회적, 법적, 경제적 특권을 획득해 왔다."[6] 얼핏 1950~60년대 민권운동 이전의 미국을 다루는 과목 같지만, 그렇지 않다. 『미국의 인종 판도: 1960년대에서 1990년대까지(The Racial Formation in the United States: From the 1960s to the 1990s)』, 『유대인의 백인화: 미국의 인종 구도에서 갖는 함의(How Jews Became White Folks and What That Says About Race in America)』, 『흰색이 자산이다: 백인이 이기는 정체성의 정치학(The Possessive Investment in Whiteness: How White People Profit From Identity Politics)』 같은 책들이 참고문헌으로 지정돼 있다.[7] 소수자에 대한 백인들의 지속적인 억압을 주제로 하는 과목인 것이다.

이러한 '다문화적 조망'이 학생들의 역사 공부에는 그다지 도움이 되지 않은 것으로 판명되었다. 2001년의 한 연구에서 미국의 상위 55개 대학 졸업반 학생 중 '미국 헌법의 아버지'를 묻는 물음에 제임스 매디슨이라고 정확히 답한 사람은 23퍼센트에 불과한 것으로 나타났다. 남북전쟁의 시작과 끝 연도(1861~65)를 정확하게 답한 사람은 40퍼센트뿐이었다.[8] 그러니까 적어도 졸업반 학생들만큼은 유럽중심적이지 않은 셈인가?

## 못되면 백인 탓

모든 소수자는 가난하다. 모든 소수자는 교육수준이 낮다. 모든 소수자는 예속당하고 희생양이 됐기 때문이다. 교수들의 말이다.

반세기 전에 끝난 민권투쟁이 캠퍼스에서는 오늘날까지 계속되고 있다. UCLA 정치학과의 '미국 정치 입문' 과목 참고문헌에 이런 말이 나온다. "아프리카계 미국인들은 200년간 민권투쟁을 해 왔다."[9] 반세기 넘는 민권투쟁으로 얻은 게 아무것도 없다고? 아프리카계 미국인들의 공민권을 미국 정부가 보장하지 않았다고? 언어도단이다. 공민권이 차고 넘쳐서, 소수자 공동체를 비판만 해도 메일함이 인종차별주의자라는 비난의 편지로 가득차 버리지 않는가. 같은 책에는 이런 주장도 나온다. "다른 많은 소수자 집단과 마찬가지로 아프리카계 미국인들은 차별의 역사를 직접적으로 겪었다. 백인들은 법적인 평등이 이제 성취된 마당에 과거 차별의 결과를 뒤집으려는 노력은 백인들에게 불공정하다고 생각하는 경향이 있다."[10] 이 주장은 백인 공동체가 동질적이며, 백인은 차별을 경험한 적이 없다고 가정하는 오류에 기반하고 있다.

일부 소수자 공동체의 문제를 백인 다수자 탓으로 돌리는 학자들도 있다. 디에고 비질 교수(UC어바인)는 "젊은 이민 2세대들은 많은 수준에서 주변부화되고 있으며, 그 결과 길거리 생활로 내몰리고 있다"고 한다.[11] 미국에 사는 사람들 거의 모두는 이민자의 후손이지만, 어떻게든 정상을 향해 올라올 수 있었다. 그런데 왜 유독 지금의 이민 2세대만 억압받고 주변부화된다는 건지?

하버드대 노엘 이그나티에브 교수는 UC버클리에서 열린 군중집회에 연사로 나가, 스스로를 '백인이기를 거부하는 철폐주의자'라고 소개하면서 "백인이 완전히 개명한 인간으로 다시 태어나려면, 백인으로서 자살해야 한다"고 말했다. "화이트 아메리카 내 모든 집단은 과거에 적어도 한 번 이상, 흑인이라는 인종의 희생 위에 특별하고도 흔치 않은 이익을 획득한 적이 있다"는 것이다. 그는 경찰이 인종주의 국가의 도구라며, "경찰관은 사람을 외모와 피부색으로 판단한다. 흑인이라면 적인지 아닌지 가려낼 잠깐의 틈조차 두지 않고 일단 머리를 내려치고 본다"고 비난했다.[12] 이그나티에브의 전력을 아는 사람이라면 이런 주장이 놀랍지 않을 것이다. 그는 『인종 반역자(Race Traitor)』라는 잡지를 창간한 인물이다. 이 잡지의 창간호 슬로건은 이랬다.

"백인에 대한 배반이 인류에 대한 충성이다(Treason to whiteness is loyalty to humanity)."[13]

1993년, 흑인 비밀결사인 이슬람민족(Nation of Islam) 대변인 할리드 압둘 무함마드가 뉴저지의 킨칼리지에서 증오 가득한 연설을 하면서, 흑인공동체가 '유대인의 음모'의 희생자라고 했다. "히틀러가 600만 명의 유대인을 학살했다지요? 사실입니다. 그런데, 유대인들이 히틀러에게 무슨 짓을 했는지 의문을 갖는 사람은 없네요?" 그리고는 남아프리카로 주제를 돌려, 아파르트헤이드에 대한 보복으로 "백인들은 24시간 내, 해가 지기 전까지 시내에서 떠날 것"을 경고했다[무함마드의 이 연설은 만델라의 아프리카민족회의ANC가 1994년 집권함으로써 아파르트헤이드가 공식 종식되기 1년 전의 일임]. "해가 질 때까지 떠나지 않으면, 남아프리카에서 올바르지 않은 흰 것이란 흰 것은 모두 죽일 것입니다. 여자와 어린이와 영유아, 시각장애인과 지체장애인, 패것[faggot. '막대기'라는 뜻으로, 동성애 남성의 속칭과 레즈비언 할 것 없이, 모두 죽일 겁니다."[14] 그가 나열하는 살해 대상은 다 일상적인 의미에서 소수자다!

버넬리아 R. 렌달 교수(데이턴대 로스쿨)에 의하면 "소수자가 교육 수준이 낮고 교육 기회도 적은 것은 제도적 인종주의 탓"[15]이다. 월리스 셔우드 교수(노스이스턴대)도 "흑인들은 지능이 백인만 못하다고 진정으로 믿는 백인이 많다. 토론에서 흑인이 하는 말은 무시되기 일쑤다"라고 한다.[16] 하나같이 궁색한 얘기들이지만, 이들이 공박하는 '제도적 인종주의'나 '보편적인 편견'이 허구에 불과하다는 것을 입증하기란 거의 불가능하다. 더구나 흑인인 셔우드 교수가 자기 말은 무시되기 일쑤라고 하니, 백인인 나는 아무런 대꾸도 할 수 없다. 무시당하는 것은 내 쪽이다.

이런 역逆 인종주의의 단골 이슈가 노예 배상이다. 과거에 노예제로 인해 아프리카계 미국인이 입은 피해를 그들의 후손에게 대신 배상하라는 요구를 말한다. 미국에서 노예 배상에 찬성하는 일반인은 11퍼센트에 불과하지만, 교수들은 40퍼센트가량이 이에 찬성한다.[17] 무슨 돈으로? 모든 답은 '큰 정부'로 통한다. 세금으로 걷은 돈을, 현금으로, 곤경에 처한 흑인 공동체들에게 주라는 것이다.

노예 배상을 주장하는 사람들은 맨 먼저 '연민'에 호소한다. 역사 과목 참고문헌들은 "플랜테이션 식민지의 큰 이윤을 가능케 한 노동력은 거의 전적으로 노예로 충당되었으므로, 미국 남부는 아프리카인이 건설했다고 해야 옳다"[18]며, "아프리카계 미국인들의 노동력이야말로 유럽에서 일찍이 보지 못한 거대한 자본 축적을 이루는 데 도움이 되었지만, 그들은 아무런 대가도 받지 못했다"[19]고 한다. 그러니 이제라도 그들의 후손에게 무엇인가 주어야 한다는 것이다. 억압자도 피억압자도 이미 오래전에 죽었고, 억압자의 후손은 피억압자의 자손에게 빚진 것이 없는데 말이다. 결국 노예제도와 아무런 관계가 없는 사람이 배상을 지불하고, 노예제도로 인해 아무런 영향도 받지 않은 흑인들이 그 배상을 받게 하라는 말이다.

이러한 좌파의 노예배상론에 도전했다가는 대가를 치르고야 만다. 신좌파(New Left)였다가 보수로 전향한 데이비드 호로위츠가 산 증인이다. 호로위츠는 '노예 배상은 잘못된 생각이고 그 역시 인종주의적이라는 열 가지 이유'라는 제목으로 광고를 내려고 했다. UC버클리의 〈데일리 캘리포니안〉이 광고를 수락했다. 다음 날 아침, 광고가 미칠 영향을 막으려는 학생들이 신문을 훔쳐 가 불태워 버렸다. 〈데일리 캘리포니안〉 편집인은 나중에 이 광고를 실은 데 대한 사과문을 실었다. 루이스 고든 교수(브라운대)는 이 광고가 "혐오 발언이고, 반反 흑인 광고를 개발하기 위한 재정 지원을 호소하는 것이며, 백인우월주의자와 반 흑인 인종주의자들을 고무할 것"[20]이라고 비난했다. 어니스트 앨런 주니어 교수(매사추세츠대)도 "아프리카계 미국인들, 그리고 아무런 책임도 정보도 없는 아프리카인을 향한 인종주의적 반감의 표출"[21]이라고 거들었다. 2002년 호로위츠가 매사추세츠대에서 강연할 때, 앨런은 알린 아바키안 교수(여성학)와 함께 강연 반대 피켓 시위에도 나갔다.[22] 강의 준비는 언제들 하는지?

합리적으로 논박할 자신이 없으면 그냥 '인종주의자'라고 낙인을 찍어 버리면 직효다. 그것이 좌파가 휘두르는 전가傳家의 보도寶刀다. 호로위츠가 2001년 봄 애리조나주립대에서 강연할 때, '균형'을 잡는다며 이 대학 교수 세 명과 '사회자'[영어로 '중재자moderator'임]까지 네 명이 한 패로 호로위츠와 맞섰다.[23] 토론의 현장에서 4 대 1로 한 사람을 조리돌림하다시피 하는 것, 그것이 좌파식 공정과 균형이다.


## 로드니 킹과 LA '봉기'

교수들의 '내로남불' 상대주의의 극치는 로드니 킹 사건

[1991년 로드니 킹이라는 흑인이 과속 단속에 불응하고 도주하다 백인 경찰관들에게 집단구타당하는 영상이 TV에 방영되고, 기소된 경찰관들이 역시 백인 위주의 배심원단에 의해 무죄평결받음으로써 촉발된 1992년의 LA 소요사태]에 대한 반응이다. 교수들은 전적으로 로드니 킹을 동정하고, 경찰을 규탄하고, 사건을 자신들의 주장을 홍보하는 데 써먹는다.

조자 프로버 교수(UCLA, 사회복지학)는 로드니 킹 재판이 진행 중일 때 USC에서 가르치고 있었다. LA 폭력에 관한 강의를 하고 있는데 한 학생이 강의실로 뛰어들어 와, 로드니 킹 구타 사건으로 재판을 받던 경찰관들이 석방되었다는 소식을 전했다. 프로버는 "눈물을 참으려 애를 썼다"고 했다.[24] 마약에 취해 극력 저항하는 거구의 폭력배를 구타했다가 기소된 경찰관들이 석방됐다는 소식에 '눈물을 참으려' 애를 썼다니! 프로버는 그런 폭력배들에게 살해당하는 경찰관들을 위해서도 눈물을 흘릴까?

도널드 월크스 교수(조지아대 로스쿨)는 이렇게 평가했다. "로드니 킹이 당한 일은 우연이 아니다. 그것은 깡패 경찰 때문에 빚어진 돌발적 사건이 아니다. 교묘하게 대중의 눈에 띄지 않았을 뿐, 경찰의 폭력을 비롯한 야만적 행태들은 언제나 있어 왔고, 앞으로도 이 나라 경찰의 표준적인 행동양식으로 존속할 것이다."[25]

로드니 킹에 대한 동정은 어느 정도는 정당화할 수 있다. 경찰이 킹에게 과잉대응한 것이라는 주장에도 일리가 있다. 그러나 이후 일어난 로스앤젤레스 '폭동'을 인종차별에 대한 정당한 '저항'이라며 포용하는 행태는 정당화할 수 없다. 학내외 좌파들이 LA폭동을 '봉기(uprising)'라고 부르는 것은 그것을 정당화하려는 기도다. 그렇게 대학에서 폭동은 '봉기'가 되고, 경찰관은 폭력배가 되며, 범죄자는 영웅이 된다.

조디 아머 교수(USC)는 "인종에 기반한 차별, 특히 젊은 아프리카계 미국인과 라티노에 대한 차별은 계속하여 불공정한 수사와 재판을 낳고, 장차 유사한 봉기를 촉발할 수 있다"면서, "우리는 아직도 시한폭탄을 안고 살아가고 있다"고 경고했다.[26] 에드워드 창 교수(UC리버사이드)는 1992년 폭동의 원인을 "빈곤, '가진 자'와 '못 가진 자' 사이의 간극 심화, 인종적 차별과 분리의 확산, 소수자의 고용 및 교육 기회 결여, 그리고 광범위한 경찰력 남용"이라며, "그 원인에 대한 처방을 찾지 못하는 한 폭동은 다시 일어날 것"이라 단정했다.[27] 이런 식으로, 미혼모나 높은 범죄율이나 직업윤리의 결여가 아니라 '백인의 인종차별'이 만악의 근원이라는 것이다. 그래서 박계영 교수(UCLA)는 "다문화 감수성을 고양하는 교과목을 늘릴 것"을 대책으로 내놓는

다.[28]

로드니 킹 사건을 O. J. 심슨[풋볼선수 출신의 흑인으로 1994년 두 명의 여성을 살해한 유력한 용의자로 기소되었다가, 로드니 킹 때와 반대로 흑인이 다수인 배심원단에 의해 이듬해 무죄평결을 받아 풀려남] 사건과 비교하기도 한다. "로드니 킹은 경찰의 공권력 남용이, O. J. 심슨은 경찰의 무능력이 문제다." 로리 레벤슨 교수(로욜라대 로스쿨)의 분석이다.[29] 창의적이기는 하지만, 비교가 잘못되었다. 로드니 킹은 경찰이 범죄자를 제압하면서 과도한 폭력을 행사한 문제였지만, 심슨은 자기의 전처와 그 친구를 살해한 강력 살인사건 문제다.

온갖 사회문제를 백인의 인종주의 탓으로 돌리는 사람들은 미국의 공용어인 영어까지도 '백인의 언어'라며 비난한다. 이런 교수들은 이민자와 그 후손들에 의해 망가진 영어, 이를테면 흑인 영어 중 하나인 에보닉스(Ebonics)까지도 정통 영어와 대등하게 대우해야 한다고 주장한다. 1973년 '에보닉스'란 말을 만들어 낸 로버트 윌리엄스(당시 워싱턴대 교수)는 "에보닉스를 당당한 하나의 언어로 받아들여야 한다. 에보닉스를 쓰는 아동들을 제지하면 자존감에 상처를 입힐 수 있다"고 했다.[30] 로널드 베일리 박사(노스이스턴대)는 한 술 더 떠, 에보닉스를 "백인의 억압에 대한 흑인 젊은이들의 저항"이라며, 이를 '언어의 보스턴 차茶 사건[잉글랜드가 식민지 뉴잉글랜드에 참정권은 주지 않고 세금만 부과하자 1773년 식민지 주민들이 영국 본국에서 온 차茶 선박들의 보스턴 하역을 거부한 사건으로, 미국 독립전쟁의 도화선이 됨]'이라고까지 추켜올린다.[31]

제네바 게이 교수(워싱턴대)는 "에보닉스에 반대할 유일한 이유는 인종주의이다. 에보닉스를 없애면 아프리카계 미국인의 문화가 파괴될 것"이라고 주장한다.[32] 그래서 에보닉스를 포함한 광범위한 이중언어 교육을 강조한다. 리처드 루이즈 교수(애리조나대)는 "이중언어 교육은 사람들로 하여금 민족적 정체감과 공동체 관념을 유지하게 해 주고, 동시에 미국에 대한 충성을 맹세하도록 해 준다"고 한다.[33]

'이중언어 교육'을 독자들이 오해하지 말기 바란다. 모든 미국인이 영어 외에 '추가로' 하나의 외국어를 더 배운다는 뜻이 아니라, 소수자들이 정통 미국 영어 대신 자기네식 영어를 그냥 쓰게 내버려 두고, 기업도 소수자 언어를 쓰는 사람을 의무적으로 채용하라는 의미의 이중언어다. 그렇다면 영어야말로 이중언어 교육으로 보호해야 할 소수자 언어 아닌가!

## 블라인드 전형의 역설

미국에서도 대학입시는 뜨거운 감자다. '능력과 성취'보다 '잠재력과 다양성'을 앞세우는 주장들이 대학입시를 멍들게 하고 있다.

능력을 평가하는 가장 공신력 있는 잣대는 전국적 대학입학자격시험인 SAT이다. 좌파는 SAT가 편향된 시험이라며 대학입시에 반영해선 안 된다고 한다. 캘리포니아대(UC) 총장까지 지낸 리처드 앳킨슨은 "상이한 배경을 가진 학생들에게 이 대학의 접근성을 증대시키기 위한 일련의 조처 중 하나로, UC에서 SAT를 제외하자"고 주장했다.[34] 앳킨슨의 주장은 관철되지 않았지만, 대신 SAT I은 UC의 요구에 따라 '편향된' 비슷한 말(word analogy) 영역을 없애고 대신 작문(essay) 영역을 넣어야 했다.[35]

다음은 과거 SAT 모의고사 중에서 뽑은 비슷한 말 문제이다. 여러분은 이런 문제가 어디가 어떻게 편향된 것으로 보이는가?

DETECTIVE is to CLUES:

다음 중 '탐정—단서' 관계와 유사한 것은?

(A) student : school (학생—학교)

(B) deer : trail (사슴—산길)

(C) bloodhound : scent (경찰견—냄새)

(D) merchant : receipt (상인—영수증)

(E) sleuth : mystery (탐정—미스터리)


이게 편향되었다니, 흑인은 이 문제를 백인과 다르게 본다는 말인가? 내가 보기에는 흑인이 풀든 백인이 풀든 정답은 C일 수밖에 없는데.

이런 식으로 '편견'을 없앤다는 이유로 표준 교과서에서 삭제된 어구와 개념들이 있다. 예를 들어 '혼인 상태에 대한 언급, 흔들의자에 앉아 있는 할머니, 남성 의사와 여성 간호사, 반항하는 십대, 햄버거, 생일 케이크, 사이다' 같은 이미지는 '한부모 가정, 한자녀 가족, 조깅하는 할머니, 젠더중립적 직업, 말 잘 듣는 어린이, 과일 주스, 야채'로 바꿔야 한다.[36] 정말 이상한 세상 아닌가!

과거에는 소수자에게 일정 정도 우선권을 주는 소수자우대정책(affirmative action)이 광범위하게 존재했다. 그러나 캘리포니아주에서는 공기업 고용과 공립학교 입학에서 특정 인종이나 성별이 유리해지는 것을 금지하는 주민발의 제209호에 따라 소수자우대정책이 주민투표에서 54퍼센트 찬성으로 폐지되었다. 그런데도 캘리포니아 내 대학들은 여전히 다양한 방법으로 '다양성 증대'에 초점을 맞춘 전형 방식을 도입하고 있다.

예를 들어 UCLA는 "단순 학과성적 이외의 다양한 기준으로 학생을 선발한다"[37]는 명목으로 2002년부터 입학전형에 '난관 극복(life challenge)' 항목을 포함시켰다. "광범위한 영역에서 개인적, 가족적, 심리적 난관을 극복한 데 대해 가산점을 부여하는"(〈월스트리트저널〉 보도) 이 항목을 읽는 입학사정관은 당연히 소수인종(아시아계 제외)에게 더 많은 점수를 줄 것이다. 〈월스트리트저널〉이 2002년 봄학기 버클리와 UCLA 신입생 전형 결과를 1면에 보도하면서, 한국계 '스탠리 박'과 라티노 '블랑카 마르티네스'의 사례를 대조했다. 두 사람은 '난관 극복' 점수는 같고, 스탠리 박이 SAT 1,600점 만점에 1,500점, 마르티네스는 1,110점이었다. 그러나 결과는 스탠리 박은 두 곳 모두 불합격, 마르티네스는 둘 다 합격이었다.[38] 이유는 추측하기 어렵지 않다. '흑인이나 히스패닉은 되고, 백인이나 아시아계나 유대인은 안 된다.'

캘리포니아 주정부는 소수자우대정책을 폐지하면서, 개인의 인종 관련 데이터를 검색하거나 기록하거나 보관하지 못하게 하는 '인종 블라인드 정책(Racial Privacy Initiative)'을 도입했다. 이 제도에 따르려면 입학지원서에서 '인종'을 체크하는 박스를 없애야 한다. 그러나 UC 교수들은 인종 블라인드에 반대했다. "자격 있는 소수자들를 받아들이려는 우리의 노력에 반한다",[39] "피부색을 초월한(color-blind) 사회로 가는 것을 가로막는다"[40]는 이유였다. 입학지원서에 '인종' 체크박스가 없다면, 앞의 스탠리 박과 블랑카 마르티네스의 당락은 어떻게 달라졌을까? 인종을 밝히지 않고서는 자기가 '자격 있는 소수자'임을 증명할 수 없다면, 그런 학생들은 솔직히 말해 대학에 들어올 자격이 없는 것 아닌가?

UC가 주정부의 정책에 반해 고수한 '입학의 다양성 추구'가 가져온 최종 결과는 이렇다. 2002년 가을 UCLA 입학생 중 7명은 SAT 점수 700점 이상~800점 미만이었다. 알다시피 SAT는 답안지에 이름만 써서 내도 400점이 나오는 시험이다. 이어 900점 미만 106명, 1,000점 미만 412명, 1,100점 미만 762명, 1,200점 미만 982명이었다. 한편 지원자 중 SAT 고득점 탈락자 현황을 보면, 1,500~1,600점 191명이 탈락했고, 1,400점 이상 1,455명, 1,300점 이상 4,667명, 1,200점 이상 7,609명이 입학을 거부당했다.[41] 1,200점 미만으로도 합격한 사람이 2,269명인 데 비해 1,200점 이상으로 불합격한 사람이 1만 3,922명이니, 더 좋은 성적을 받은 학생들이 가야 할 자리의 적어도 일부를 더 낮은 점수를 받은 학생들이 빼앗은 셈이다. UC버클리에서도 사정은 비숫해, 2002년 가을 입학생 중 SAT 600~1,000점인 학생은 381명이었던 반면, 거의 만점을 받은 641명이 탈락했다.[42]

대학들은 소수자를 입학시키기 위해 소수자우대정책, '난관 극복', 인종 체크박스를 고수한다. 그들이 백인이나 아시아계 학생들보다 우수하기 때문이 아니라, 오직 그들이 소수자라는 이유로, 자격 있는 학생이 들어갈 자리에 자격 미달 학생을 입학시킬 길을 찾는다. 왜 소수자 학생들 중에서 더 우수한 학생을 뽑으려고는 하지 않는 것일까? 소수자는 그런 난관을 극복할 수 없기 때문이라면, 그것이야말로 인종주의 아닌가?

이 장 맨 앞에서 언급한 시위는 바로 SAT 비중을 높이는 입학정책(SP-1, SP-2)에 대한 항의 시위였다. 그해 10월 31일에도 비슷한 학내 시위가 있었다. 그사이 UC는 사실상 소수자를 우대하는 정책을 많이 도입했으므로 싸울거리는 많지 않았을 것이다.

시위는 침묵시위였고, 100명이 될까 말까 한 시위 참가자들은 입을 손수건으로 싸매고 있었다. 나는 소수자우대 입시정책 확대에 반대하는 피켓을 들고 근처에 서 있었다.

40분쯤 지났을 때다. 앳된 얼굴에 말쑥하게 차려 입은 라티노 학생 하나가 다가왔다. 지나가다가 내 피켓을 보고 돌아왔다고 했다.

"이런 피켓 들고 서 계셔서 반가웠어요. 학생들은 다 소수자우대를 지지하는 줄 알았거든요. 나는 반대예요, 자력으로 이 학교에 들어왔거든요. 그런데 사람들은 다, 내가 성적이 나쁜데도 라티노라서 뽑아 준 줄 알아요. 내가 자력으로 성취한 일조차 인종 덕택이라니, 나한테는 모욕이지요."

인종 문제에 관한 한, 대학은 학생들에게 독약을 들이붓고 있다. 대학은 학생들이 피부색을 초월하도록 이끌기는 커녕, 피부색을 예민하게 의식하고 편가르기를 하도록 부추기고 있다.

# 제5장

# 섹스의 전당

## 모든 예술은 외설로 통한다

1960년대 '성性 혁명' 기간 중 대학 캠퍼스는 난잡하고 부도덕한 성행위의 온상이었다. 상대를 가리지 않고 일단 자고 보는 것이 일상처럼 됐다. 동성애가 말 그대로 벽장을 열고 '뛰쳐나왔다(coming out)'. 전국의 학생들이 외쳤다. "전쟁 대신 사랑을!" 그리고, 그 말대로 했다. 교수들은 그들을 응원했고, 재미로 동참하기까지 했다.

그때 이래 상황은 크게 변하지 않았다. 강의실에서는 끊임없이 섹스를 조장한다. 모든 형태의 섹스가 자연스럽고 만족스러운 것으로 평가된다. 동성애는 완벽하게 정상이다. 소아성애도 조금 이상하긴 하지만 용납된다. 엄연히 범죄인 강간도 웃어넘긴다. 심지어 수간獸姦도! 반대 입장을 드러냈다간, 교수들과 학생집단 양쪽으로부터 비난을 받는다.

교수들을 비롯해 대학 강단에 서는 사람들은 끊임없이 강의계획에 섹스를 주입한다. 가장 심한 것이 영문학 수업들이다. 어떤 주제라도 교묘하게 곡해해서 섹스를 이야기에 끌어들일 수 있기 때문이다.

　2001년 가을학기, 류크 브레스키 교수의 영문학 과목을 들었다. 그는 거의 모든 이야기를 성역할이나 동성애에 관한 알레고리로 가르쳤다. 월트 휘트먼의 어떤 시들에서는 성적인 논의가 필요하다. 하지만 대부분은 그렇지 않다. 헨리 제임스의 『애스펀 페이퍼스(The Aspern Papers)』의 작중화자를 교수는 벽장 속의 동성애자로 해석했다. 구글에서 『애스펀 페이퍼스』를 동성애 소설로 본 문학비평을 검색했지만 찾을 수 없었다. 학기가 끝날 때쯤 나와 친구들은 끊임없이 이어지는 섹스와 젠더에 대한 장광설에 질려 버렸음은 말할 필요도 없다.

　브렌다 실버 교수(다트머스대)도 같은 부류인 것 같다. 그녀는 모든 것을 섹스의 은유로 만들어 버린다. 학내 독립언론 〈다트머스 리뷰〉는 실버를 이렇게 평한다. "열렬한 페미니스트 비평가인 실버 교수는 폭보다 길이가 긴 것은 무엇이든지 페니스라는 확고한 신념을 가지고 문학을 읽는다. 실버는 남성에 반대하는 것이라면 무엇이든지 열렬하게 환영하고, 자웅동체를 인간의 이상으로 내세운다."[1]

섹스에 비정상적으로 예민하게 초점을 맞추는 것은 전국의 영문과들에 아주 흔한 현상이다. 수업 전체를 섹스 주제에 할애하는 곳도 많다. 다음은 각 대학 웹사이트에서 뽑은 섹스 관련 과목들 이름을 대충만 뽑아 본 것이다.

스톤월 이전의 레즈비언 및 게이 문학(M101A)[스톤월은 뉴욕 그리니치빌리지의 게이바. 1969년 스톤월을 단속한 경찰에 맞선 동성애자들이 일련의 시위를 흔히 '스톤월 항쟁'이라 부른다.]

스톤월 이후의 레즈비언 및 게이 문학(M101B, 이상 UCLA)

에로 문학, 메일 섹슈앨리티, 게이 문학, 레즈비언 문학과 시(캘스테이트-노스리지)

문학과 에로스(아칸소대)

문학과 문화이론의 쟁점들: 페미니즘과 퀴어 이론(다트머스칼리지)

젠더연구의 제문제(시카고대)

영어권 퀴어문학 입문(윌리엄스칼리지)

레즈비언, 양성애, 게이 문학 입문

퀴어이론

LGBT 문학 연구(이상 콜로라도대)

젠더 및 섹슈앨리티 표상(트루먼주립대)

근대문학 속 동성同性 욕망(위스콘신대-밀워키)

대학생활 입문: 소설 속 섹스, 자아, 속임수(스탠퍼드대)

문학의 주제들: 퀴어문학 전통(보스턴칼리지)

말할 수 없는 삶: 게이 및 레즈비언 서사(조지타운대)

나쁜 소녀들

흑인 여성 소설 속 섹스, 텍스트, 전통(이상 일리노이 웨슬리언대)

게이 및 레즈비언 이론(카네기멜런대)

섹스 사유하기: 욕망과 차이의 표상

퀴어문학/퀴어이론(이상 브린모어칼리지)

게이로 사는 법

남성 동성애와 입사入社 의식(initiation)(이상 미시간대)


어떤 영문학 교수들은 강의실을 벗어나서까지 학생들을 가르칠 정도로 열성이다. 리처드 버트 교수(매사추세츠대)는 가슴을 드러낸 여성들과 함께 찍은 자신의 음란한 사진을 학교 웹사이트의 자기 계정에 올려놓았다가, 학생들이 불평하기 시작하자 스스로 사진을 내렸다.[2] 버트는 학교로부터 해임은 고사하고 아무런 제재도 받지 않았다. 민간 회사였다면, 자기 회사 웹사이트에 포르노 사진을 올린 직원이 계속 회사를 다닐 수 있었을까? 대학은 그런 곳이다.

글로리아 G. 브레임은 마침내 '진정한 소명'을 찾은 케이스다. 영문학 교수였던 브레임은 진로를 바꾸어 인간 섹슈얼리티 연구로 다시 박사학위를 받고, 지금은 결박, 사도마조히즘, 페티시, 크로스드레싱 등등 다양하고 중요한 문제들을 컨설트하는 전문가가 되어 있다.[3]


## 대낮 교정의 스트립과 리얼섹스

리버럴 교수들은 예술과 섹스가 불가분의 관계라 여긴다. 모든 성적 표현이 예술과 마찬가지인 정도가 아니라, 섹스 그 자체가 예술이라고 한다. 학생들의 과제작품도 따라서 온통 섹스로 도배될 것은 말할 것도 없다.

2003년 10월, NYU 티시스쿨 영화과의 파울라 카르미치노라는 학생이, 성행위 장면과 일상생활 장면을 섞어 편집하는 과제안을 제출했다. 카르미치노는 강의실에 가득한 학생들 앞에서 리얼섹스(흉내가 아니고)를 할 연기자 두 명을 섭외했다. "섹스를 하지 않는 낮 동안 우리가 자기검열을 하는 모습을 폭로"한다는 것이 작업의도였다. 지도교수 카를로스 데 헤수스는 아주 훌륭한 아이디어라고 칭찬하고, 최종 오케이를 내기 전 학교행정실에 물어보았다. 행정실이 불가하다는 회신을 보내 오자, 온갖가지 소란이 벌어졌다. 〈NYT〉에까지 소개된 사건이다.[4]

〈워싱턴스퀘어뉴스〉는 티시스쿨의 의사결정 과정을 비난했다. "3학년생 파울라 카르미치노가 영화 과제에 삽입 성교를 포함시키려는 것을 막은 학교측의 결정은 아무런 근거규정도 없이 이루어졌다. 패리스 힐튼의 섹스 테이프가 전국적인 톱뉴스가 되는 등 섹스가 일상화된 시대에, 이런 영화에 대한 사전 방침이 티시스쿨에 없다는 것은 어불성설이다."[5] 뉴욕시민자유연맹도 학교측의 결정을 비판했다. "학생들은 학교의 도덕적 검열로부터 자유로이 영화를 찍고 글을 쓰고 그림을 그릴 수 있어야 한다." 행정실은 기존 결정을 고수했지만, 학생에게는 따로 유감을 표명했다.

카르미치노 같은 사례는 창작 전공 학과들에서는 다반사로 일어나는 일이다. NYU 학생 라이자 에스트린은 미니마우스와 램찹 인형이 섹스를 하는 영화를 만들었다. 학생 제보에 따르면, 이 수업 제출 과제 중에는 그 밖에도 하드코어 섹스 장면이 들어간 영화가 두 편 더 있었고, 그중 하나는 시간屍姦 장면이 들어 있었다고 한다.[6]

샌프란시스코미술대학(SFAI) 토니 래바트 교수가 과제작으로 행위예술 작품을 내라고 했다. 조나단 예기라는 학생이 남자 자원자 한 명을 섭외해 캠퍼스 내 열린 공간으로 데려가, 이 남자를 묶고 눈을 가린 다음, 둘이 함께 오럴섹스를 하고 서로에게 똥까지 눴다. "게이섹스란 무엇이며, 합의한다는 것은 무엇인가, 합법적이란 것은 무엇인가를 생각하게 하는 작업"이란다. 래바트가 "못된 작업이네"라며 가볍게 꾸중하자 예기는 "작업 아이디어는 교수님한테서 나온 것이고, 교수님도 실행을 승인했다"고 반박했다.[7] 그렇다면 도대체 그 '행위예술'이 진행되고 있는 동안 교수는 뭘 하고 있었단 말인가? 그냥 앉아서 쇼나 구경하셨나?

이 '공개적 동성 오럴섹스'에 대한 학교의 대응이 가관이다. 학교는 교수는 징계하지 않고, 학생에게 서면으로 경고 처분을 했다. 이유는 "AIDS 감염 위험에 노출된 비보호 섹스"라는 것이었다. "성적이건 비 성적이건, 대변 소변 정액 타액 혈액 기타 체액 및 신체배출물에 자신 또는 다른 사람을 직접 노출시키는 행위는 중대한 위반행위로 간주된다. 교무부총장 래리 토머스."[8] 그러니까 두 사람 다 적절한 보호 기구(콘돔 같은)를 착용만 했다면, 공개된 장소에서 오럴섹스를 하고 서로 똥을 싸도 문제가 안 된다는 것이다. 의기양양한 예기의 인터뷰가 대학과 대학생들의 예술관을 웅변한다. "예술적으로 정당화할 수 있는 한, 무엇이든 허용된다."[9]

대학은 학습체험의 장이다. 그리고 눈에 보이는 모든 사람과 함께 자는 것보다 더 좋은 학습체험은 없다. 대학들은 모든 사람이 최소한 100명의 섹스 파트너 쿼터를 채우게 하려고 진력하고 있다. 잠깐! 콘돔 잊지 말고.

UC버클리에는 남성 섹슈얼리티에 관한 온갖 질펀한 얘기들이 다 나오는 걸로 전국적으로 유명한 과목이 하나 있다. 남녀 수강생이 함께 있는 수업에서, 모든 학생이 자신의 성적 판타지를 공개적으로 토론하기, 포르노 스타 초청 특강 같은 내용이다. 학기 초에, 각자 자신의 성기 사진을 찍어 프린트해 오는 과제가 있었다. 수업에서 사진을 돌려보면서, 누구의 것인지 다함께 맞춰 보는 것도 했다. 그 '장난'이 즉석 그룹섹스로 이어졌다는 수강생의 증언이 있다. 과제 중에는 게이 스트립 클럽에 가서 담당교수진 중 한 사람이 무대 위에서 섹스 하는 것을 구경하는 것도 있었다. 학기말에 모든 수강생이 2학점 패스를 받았다.[10]

작고 점잖은 학교로 알려진 마운트 홀리요크에서도 비슷한 일이 벌어졌다. 수전 스코토 교수가 교정에서 무학점 '스트리핑' 과목을 가르친다. 기혼이고 아이가 둘 있는 스코토는 퇴근하면 누드 바에 가서 스트리핑을 즐긴다. 그녀는 학생 때부터 스트립 댄스를 했고, 그 돈으로 학업을 마쳤다. 다음은 살롱닷컴(Salon.com)에 올라온 수강 체험기다.

"여학생들은 즉시 시작했다. 몇 명은 천천히 엉덩이를 돌리고, 벨리댄서 스타일로 팔을 머리 위로 올렸다. (…) 그다음 나온 노래는 더 빨랐고, 섹시한 베이스 비트가 울렸다. 몇몇 여학생들은 그쯤 되자 긴장이 풀어져서 옷을 벗기 시작했다. (…) 15분이 지나기 전에 몇 명만 빼고 모든 여자가 겉옷을 다 벗고 속옷 차림으로 몸을 꼬았다."[11]

1999~2000학년도 웨슬리언대의 '인문 289: 정치적 및 문화적 실제로서 포르노그래피'(호프 와이스만 교수) 수강생들은 성적 자극법을 실시간으로 실습했다. 강의개요는 "포르노그래피는 한계들을 향하여, 한계들에 맞서서, 그리고 한계 너머로 인간 섹슈얼리티를 추동하는 위반의 예술이다. 관음(voyeurism), 수간, 사디즘, 마조히즘 등 이른바 비뚤어진 실천들에서 포르노그래피가 갖는 함의를 살핀다"고 되어 있고, 교재 가운데는 사디즘의 어원이 된 사드 후작, 수전 손택, 〈허슬러매거진〉도 있다.[12] 그리고 기말과제는 '나만의 포르노그래피 만들기'였다. A를 받은 학생 하나는 엘라 피츠제럴드의 노래가 배경으로 흐르는 가운데 남자가 자위를 하는 광경을 찍었다. 한 여학생은 자위를 하는 남자의 눈을 찍었다. 또 다른 여학생은 수업시간에 수강생들 앞에서 본디지(bondage, 결박) 섹스를 실연하는 영상이었다. 여학생은 검은 팬츠와 거의 토플리스 차림에 하니스(harness)

같은 가죽띠를 두르고, 남학생을 시켜 죄수용 채찍으로 자기를 때리게 했다.

린다 윌리엄스 교수(UC버클리)는 "포르노그래피를 연구하지 않는 것은 우리 문화 속에 완벽히 침투한 현상 하나를 무시하는 것"이라고 한다.[13] 그래서 에머슨칼리지, NYU, 노스웨스턴, 애리조나주립, UC 등 많은 대학에 포르노 관련 과목이 개설되어 있다.

캔자스대(KU)의 '일상 속의 인간 섹슈얼리티'(데니스 데일리 교수) 과목에서는 학생들에게 3시간 동안 이성애, 게이, 레즈비언 들의 성행위를 찍은 비디오를 보여 준다. 이것이 캔자스주 상원에서 문제가 되었다. 주 상원의원 수전 웨이글(공화당, 위치타)이 이 강의가 세금의 유용한 사용에 해당하는지 판정하기 위해 비디오 제출을 요청했다.[14] KU 교수들은 즉각적으로 "데일리와 그의 고도로 교육적인 수업"에 지지를 표명하고, 문리과대학은 데일리를 지지하는 성명을 웹사이트에 올렸다. 문리과대학장 킴 윌콕스와 부학장, 원장, 학과장 들을 포함해 37명이 서명한 성명은 "법적 및 금전적 제재로써 대학의 교육 내용과 방법에 검열을 행하려는 웨이글 상원의원의 노력이 갖는 광범위한 함의에 우려를 표명"했다.[15] 강의실에서 포르노를 보여 준 교수를 규탄하기는커녕, 학생들을 타락시키는 데 세금을 쓰지 못하게 막으려는 상원의원을 공격하는 것 — 이것이 대학의 도덕적 상대주의다.

여러 대학이 도입한 혼성기숙사(co-ed)는 학생들이 난교 행위를 실습하는 온상이다. 혼성기숙사에서는 학생들 대부분이 남녀공용 화장실과 샤워실을 함께 사용하고, 섹스 매뉴얼과 콘돔을 공개적으로 구할 수 있고, 신입생은 '안전한 성' 강의를 의무적으로 듣도록 되어 있다. 새 학년이 시작되기 직전인 여름에는 대학생활에 관한 영화가 상영된다. 대부분은 주인공이 '인생의 교훈' 같은 것을 배워 가는 내용이다. 영화 시리즈의 클라이맥스는 마지막 주다. 이때 상영하는 영화들에는 하나같이 캠퍼스에서 벌어지는 온갖가지 난잡한 섹스 행태가 나온다. 학내 종교단체들이 이런 행태에 대해서 오랫동안 항의했지만, 대학 당국은 혼성기숙사는 좋은 것이고, 남녀 간의 긴밀한 접촉으로 가끔 일어나는 난교행위는 정상적이고 건강한 것이라고 일축한다.

1998년, 예일대에 입학한 정통파 유대인 학생 5명이 혼성기숙사 의무 입사를 거부하고, 캠퍼스 밖에서 살 권리를 인정하라는 소송을 제기했다. 미디어에 '예일의 5인'이라고 소개된 이들의 이야기는 전국적인 뉴스가 되었다.[16]

대학측은 기숙사 생활이 "예일 교육의 핵심적인 내용"이라고 맞섰다(그러나 예일은 2학년 이상에게는 기숙사 입사를 의

무화하지 않으니 이 말은 모순이다). 학내 유대인 단체인 예일 힐렐 회장 리처드 레빈조차 그 정통파 학생들을 편협하다고 비난하면서, 혼성기숙사의 세계에서 생활하기를 거부한다면 예일 공동체의 일원이 아니라고 했다. "새로운 사고, 새로운 시각에 마음을 열려고 하지 않으려면 무엇 하러 이런 학교에 왔는가? 이곳은 세계에 대해 자신을 닫아 건 사람들이 발전할 수 있는 곳이 아니다."

결국 학교측이 한 발 물러나, 학생들에게 '도덕'과 '예일' 중 하나를 선택하라고 요구했다. 도덕이 승리했다. 예일의 5인은 음행으로 가득 찬 기숙사 비용을 다 내고, 캠퍼스 밖에 나가 살았다.[17]


## 교육자의 탈을 쓴 늑대들

탐구정신에 충만한 교수들은 '성적 실험'에서도 앞서 나가는 사람들이다. 키스에서 섹스까지, 아무런 제약 없는 성적 관계들, 아무나하고의 '후킹업(hooking-up)'이 다 여기 포함된다. 린달 엘링슨 교수(캘스테이트-치코)는 학생들이 섹스파트너는 많이 갖고, 그러나 장기적 관계는 피해야 한다고 가르친다. 그것이 "실험하고, 모험하고, 자신이 누구인

지 아는 길"이라는 것이다.[18]

교수들이 앞장서서 모범을 보인 덕분일까, 효과는 통계로도 입증되었다. 미국적가치연구소의 혼전교제 연구팀이 실시한 조사에 의하면 여자 대학생의 40퍼센트가 적어도 한 번 이상 후킹업 경험이 있고, 10퍼센트는 6번 이상이라고 응답했다.[19] '청춘은 곧 순결'이던 시대는 끝났다.

성적 실험의 연장선 상에서, 교수와 학생 간의 성행위도 마다할 이유가 없다. 미국 대학 대부분은 교수와 학생 간의 성행위를 금지하지만, 교수들은 그것이 성적 표현의 권리를 제약하는 것이라고 비판한다. 그렇고말고, 교수는 재미 좀 보면 안 되나?

로라 키프니스 교수(노스웨스턴대)는 "옛날 내가 학생일 때는(그러니까 20세기) 교수들과 후킹업 하는 것도 어느 정도는 학교생활의 일부였다. 그것이 잘하는 일인지는 차치하고, 내가 아는 많은 남녀 교수들이 짧게든 길게든 학생들과 후킹업을 했다"[20]고 털어놓는다. 배리 댕크 교수(캘스테이트-롱비치)는 교수가 학생들과 잘 권리는 신이 준 것이라는 믿음에서 '성평등을 추구하는 대학인'이라는 단체를 결성했다. 그는 "대학이 사제간의 '유희'를 금지하면, 젊은 여성들은 '자기가 원하는 것과 원하지 않는 것 중에서 선택할 자유'를 잃게 될 것"이라고 했다.[21] 실제로 댕크는 스무 살

아래 제자와 결혼했다.[22]

이런 사람들이 교수로 있는데 사고가 없을 리 없다. 윌리엄앤드메리칼리지는 두 건의 사고를 겪고 나서야 학생과 교수 간 교제를 금지했다. 첫번째 사건은 전 문예창작과 교수가 〈지큐(GQ)〉지에 기혼 학생과 교제한 사실을 밝혔는데, 그 학생의 남편이 이를 알고 자살한 일이다. 두 번째는 이 〈지큐〉 기사가 나가고 몇 달 뒤, 인류학 교수 한 명이 조교로 데리고 있던 학생을 임신시키고 사직한 일이다. 교수는 학생의 임신 사실을 알고는 몇 차례나 학생에게 협박전화를 걸었다고 한다.[23]

많은 학생들도 사제간 교제 금지에 강력하게 반발하는데, 여기에는 학점이라는 '현실적인' 고려도 작용하는 것이 현실이다. UC샌타바버라 정치학과의 한 여학생은 "성적을 올리려고 교수와 자는 것이 치졸한 짓인지는 몰라도, 장담하건대 이 캠퍼스에서는 그보다 훨씬 나쁜 일들도 일어나고 있다"고 털어놓는다.[24]

이 모든 비교육적인 행태들을 교수들은 교육이라는 이름으로 미화한다. 길 허트 교수(샌프란시스코주립대)는 "대학에 오는 젊은이들 대다수는 기초적인 성교육이 돼 있지 않아, 성행위의 의미는 고사하고 몸의 구조, 스스로를 방어하는 법도 모른다"고 말한다. 이 학교에는 석사과정에 인간

섹슈앨리티 전공이 있다.[25]


## 동성애, 아동 섹스, 수간

미국 전역의 대학들이 대낮에 공개 오럴섹스가 이뤄진 샌프란시스코미대를 닮아 가고 있다. 대학에서 동성애는 애플파이나 마찬가지로 미국적이고 정상적이다. LGBT(레즈비언, 게이, 양성애, 성전환) 모두, 스트레이트(일반 양성애자)보다 우월하지는 않을지언정 동등한 삶의 양식이다.

2001년 겨울학기 '지리학 5' 수업에서 멀다빈 교수가 해준 말이다.

"친구 한 명과 함께 남부 어느 주에 갔을 때의 일입니다. 친구는 프랑스인이었는데, 그의 어깨에 팔을 걸치고 이야기를 하며 길거리를 걸어가다가 광신자 하나를 만났지요. 'AIDS는 하나님이 내린 역병'이라고 쓴 피켓을 들고 있더군요. 계속 걸어가는데 그 남자가 쫓아와서 말했습니다. '팔 내려!' 그래서 나는 돌아서서 친구한테 제대로 키스를 해 줬죠, 바로 입술에다."

학생들은 잠깐 어리둥절해 하다가, 이윽고 웃음을 터뜨리고 박수를 쳤다. 이것이 동성애에 대한 캠퍼스의 통상적인 반응이다.

정치학 수업에서 린 베이브렉 교수가 두 가지 상반된 투표 결과를 보여 주었다. 하나는 미국인들이 동성애 차별에 반대한다는 것, 다른 하나는 미국인들이 교직이나 성직에서 권한 있는 자리를 게이들이 맡는 것에 반대한다는 내용이었다. "미국인들이 한편으로 게이의 권리를 지지하면서도 다른 한편으로 게이가 교사가 되는 것은 바라지 않는다는 사실─건국의 아버지들은 이런 이중성에 반대했을 겁니다"(2002년 3월 7일). 그럴까? 토머스 제퍼슨은 버지니아에서 남색을 거세형으로 처벌할 것을 주장했다.[26]

교수들은 게이의 권리를 민권이나 여권女權과 동일시한다. 앤서니 아파이아 교수(프린스턴대)는 유엔의 게이, 레즈비언, 양성애 직원 모임에서, 동성애 아젠다에 '도전'이 된다는 이유로 종교의 자유를 제한할 것을 주장했다.[27]

거의 모든 대학에 LGBT 관련 학과, 전공, 과목이 있다. UCLA의 트랜스젠더 과목 하나는 캘스테이트-노스리지의 제이콥 헤일 교수가 와서 가르치는데, 헤일은 최근에 여성에서 남성으로 전환한 트랜스젠더다. 과목은 젠더와 섹스의 의미, 트랜스젠더의 역사 등에 관한 질문에 답하는 데 초점을 두고 있다.[28]

다음은 UCLA의 동성애 잡지 〈텐퍼센트〉가 LGBT 관련 과목들을 소개한 것이다.

- 스톤월 이전의 레즈비언 및 게이 문학(M101A)

  생기 넘치는 리틀 교수를 매일같이 만난다. 강좌는 게이 문학에 대해 때로는 모호하지만 언제나 생각할 거리를 일깨우는 시각을 제공한다. 텍스트 속에서 퀴어의 욕망을 끄집어내도록 해 주는 강의가 이처럼 화끈했던 적은 없었다. 참고문헌을 읽는 것이 그토록 재미있고 '게~~~이'할 줄이야![' 게이'에는 즐겁다는 뜻도 있다.]

- 스톤월 이후의 레즈비언 및 게이 문학(M101B)

  막장 퀴어로 충격을 준 강의라고 들어 보셨을랑가. 질질 싸는 아시안 밑구녕, 바삭 달달 레즈, 보고만 있어도 꼴리는 게이 힙합 공주, 보지들의 향연 총집합.

- 레즈비언 경험의 사회심리학(M147)

  젠더나 성적 지향에 상관없이, 퀴어 싱글이라면 반드시 들어야 할 레즈의 심리학. 문화, 역사, 심리학을 꿰뚫는 다시없는 강의.

- LGBT 연구 입문

  벽장에 있다가 곧 껍질을 깨고 나올 날개 달린 누비아 공주[베르디 오페라 〈아이다〉의 타이틀롤]로 등장할 게이 남성에게 딱 어울리는 붙임손톱. 담당교수 두 명은 완벽한 음

양의 궁합을 과시한다. 슐츠 교수는 현란한 환상의 불꽃으로 내 영혼 속 자긍심에 불을 붙이고, 리틀턴 교수의 크래시컬 레즈비어니즘은 이성과 정치적 현실을 일깨워 준다.

● 퀴어 퍼포먼스 창작 실습(M197D)

행위예술가이고 코미디언인 모니카 팔라시오스의 지도로 나만의 퀴어 퍼포먼스 창작하기.[29]

게이 교수들은 그네들의 세계관이 스트레이트보다 우월하다고 한다. 〈텐퍼센트〉가 이런 교수들의 목소리를 소개했다.

"교수들이 자신의 섹슈앨리티에 비교적 열려 있는 것은, 그들이 매우 리버럴한 환경 속에서 권력 있는 자리에 있는 것에도 일부 연유한다. 연구자로서 동성애자인 것은 연구대상인 노년층 등의 주변부 집단을 더 잘 이해하는 데 도움이 되었다고 생각한다"(로즈 말리).

"흑인이고 게이라는 사실이 학술활동에서 더 심층적인 조망을 가지는 데 도움이 되었다"(아서 리틀).

"트랜스젠더는 젠더와 섹슈앨리티의 관계에 관해 가장 잘 가르칠 수 있는 사람들일 것이다. 진정한 자신을 찾기 위해 엄청난 고통을 견뎌 냈기 때문이다. 용기가 무엇인지, 그들

로부터 배울 바 크다"(피터 해먼드).[30]

용기란 불타는 빌딩에서 아이를 구하는 일 같은 것이다. 외과수술로 거시기를 바꾸는 일은 그냥 신기한 일일 뿐이다.

학교 당국도 게이 커플을 스트레이트와 동등하게 대우한다. 2002년 5월, UC 이사회는 만장일치로 동성 배우자에게 동등한 '동거 배우자' 보조금을 주기로 결정했다. UCLA,[31] 인디애나, 아이오와, 미시간, 미시간주립, 미네소타, 노스웨스턴,[32] 카네기멜런,[33] 펜실베이니아, 아이비리그 모든 대학, 스탠퍼드, MIT[34]를 비롯한 수십 개 다른 학교에도 같은 제도가 있다.

성적 소수성은 타고나는 것이고, 아무튼 의사결정권을 가진 성인들끼리의 일 아닌가 하고 생각하는 사람도 있을 것이다. 하지만 의사결정 능력이 충분하지 않은 아동과의 소아성애는 어떨까?

많은 교수들은 소아성애를 용납하고, 심지어 장려하기까지 한다. 해리스 머킨 교수(미주리대)는 "미국인들은 세대 간 섹스를 악으로 간주하지만, 많은 문화나 시대에서 그것은 허용되거나 의무였다"고 한다. 그는 소아성애 대신 '세대 간 섹스'라고 에둘러 말함으로써 20살과 10살 사이의 섹스를 60살과 30살 사이의 섹스와 동일시하고 있다. 그는 "아동은 낡은 성도덕의 마지막 보루"라고 선언하면서,[35] "소아성애와 성인—어린이 간 섹스를 모두 악이라고 감정적으로 반응할 것이 아니라, 더 현실적이고 열려 있는 토론이 필요하다"고 한다.[36] 『지평선의 어린이: 커밍아웃한 십대 게이와 레즈비언들의 새로운 삶(Children of Horizons: How Gay and Lesbian Teens Are Leading a New Way Out of the Closet)』라는 책의 공저자인 길버트 허트 교수(샌프랜시스코주립대)는 '아동'이라는 범주가 "비합리적인 접근을 유도하는 수사학적 장치에 불과하다"고 한다.[37] 존 머니 교수(존스홉킨스대)는 소아성애 반대가 "스스로 부과한 도덕적 무지" 때문이라고 한다.[38] 브루스 린드 교수(템플대)는 미국심리학회가 발간한 연구에서, 소아성애 피해 아동이 받는 부정적 영향은 "일반적이지도, 유의미하게 심각하지도 않다"고 주장했다.[39]

'아동'이라는 범주는 '한갓 수사학적 장치'가 아니다. 그것은 완전한 합의를 할 능력이 없는 낮은 연령임을 가리킨다. 그리고 성인이 아동을 성폭행하지 못하도록 막는 것은 '감정적'이나 '비합리적'이 아니라, 인간에 대한 기본적인 예의다. 소아성애는 가장 나쁜 형태의 악이다. 어린이의 순진무구함을 빼앗는 것은 '유의미하게 심각하고' 짐승 같은 행동이다. 지성의 이름으로 그것을 변호하는 것은 상상조차 할 수 없을 정도의 도덕적 부패를 보여 주는 것에 다름 아니다.

미국 형법은 18세 이상 성인과 12~18세 미성년자 사이의 성행위는 합의 유무를 따지지 않고 미성년자의제擬制강간(statutory rape)으로 처벌한다. 강력범으로 분류되어 형량도 많다. 이에 반대하는 교수들은 어린이와의 섹스가 강간이 아니라 정상적이고 수용 가능한, "사랑을 표현하는" 또 하나의 방법일 뿐이라고 한다. 필립 젠킨스(전 펜실베이니아 주립대)는 소아성애와 청소년성애(ephebophilia)를 구분하여, 십대는 동의능력이 있으므로 "미성년자의제강간 조항으로 이런 '청춘사랑'을 불법화해서는 안 된다"고 주장한다. 실제 일부 가톨릭 성직자들이 성인 남성과 소년 간의 섹스를 정당화하는 데 젠킨스를 종종 인용한다.[40]

열네 살 소녀와 서른 살 남자의 섹스를 합법이라 해야 할까? 이 아이들은 평생 가는 상처를 입는다. 젠킨스는 그래도 괜찮다는 것인가?

2001년 개봉한 영화 〈태드폴(Tadpole)〉은 계모에게 성적 매력을 느끼는 열다섯 살 소년의 이야기다. 소년은 결국 계모의 가장 친한 친구와 잠자리를 갖는다. 보수주의자들은 이 영화가 미성년자의제강간에 면죄부를 주는, 도덕적으로 부패한 영화라고 비판했다. 제럴드 볼다스티 교수(워싱턴대)

는 보수주의자들의 비판을 몰상식하다고 일축하면서, "미디어가 원래 보수적이라, 하늘이 무너진다며 호들갑 떠는 것을 여과 없이 내보낸다"고 비아냥댔다.[41] 호들갑이라고? 대학에서는 정말로 하늘이 무너지고 있는데?

이상한 것 중에서도 가장 이상한 것은, 동물과의 섹스인 수간조차 동물에게(!) 지나치게 잔인하지만 않으면 괜찮다는 주장이다.

피터 싱거 교수(프린스턴대)는 『신경 매거진』에 낸 논문에서 수간이야말로 인간의 가장 고상한 행동이라고 찬양했다. "동물과의 섹스가 언제나 학대를 동반하는 것은 아니다. 집에서 키우는 개가 손님의 다리에 매달려 페니스를 비벼 대는 바람에 사교모임이 엉망이 되어 버린 일을 겪어 보지 않은 사람은 없을 것이다. 주인은 대개 그런 행동을 못하게 하지만, 혼자 있을 때는 자기 다리를 개가 그런 용도로 쓰는 것을 다 말리지는 않는다. 가끔은 서로 만족스러운 행동으로 발전하기도 한다."[42] '서로 만족스러운' 행동이라고! 거기 가장 잘 어울릴 말은 '웩!'이다!

반려견과 '산책 이상의 것'을 한다는 사람들이 대학에는 심심찮게 있다. 하버드대 문학문화연구소 소장 마조리 가버는 온통 개에 대한 탐닉을 내용으로 『도그 러브』라는 책까지 냈다.[43] 책의 '섹스와 싱글 도그' 챕터에는 문학과 실제 생활 속 수간의 사례가 나온다. 로라 리즈의 『토핑 프롬 빌로우(Topping from Below)』에 나오는, 그레이트데인 품종 개와의 '러브신' 묘사 같은 것들이다.[44] 『입장 바꿔: 일상의 에로티시즘(Vice Versa: Eroticism in Everyday Life)』이나 『기득권: 크로스드레싱과 문화적 불안(Vested Interests: Cross-Dressing and Cultural Anxiety)』 같은 '대작'들을 쓴 가버 교수에게는 수치스럽거나 역겨운 일이 아니겠지만.

대학은 학생들에게 섹스에 관해 가르치는 것을 '의무'라 여긴다. 그 목적을 위해 이성 아무나하고의 성교를 권장하고, 동성과의 성교를 부추긴다. 남녀 불문 아동과의 성교, 다른 종種과의 성교도 괜찮다고 한다. 그 모든 것이 자연스러운 것이라고 한다. 이것이 대학에서 가르치는 교육이다. 우리의 세금과 등록금을 써 가며.

## 섹스하러 대학 왔나

교수들만이 아니다. 쓰레기 같은 학내언론들도 대학을 난잡한 음란파티장으로 만드는 데 한몫 한다.

2001년 중반, 〈UCLA 데일리브루인〉 편집진은 신문의 인기를 높일 길을 고심한 끝에 '스파이스 채널'을 흉내낸 섹스 칼럼을 신설했다. 교내에 웨스트우드 섹스샵을 여는 것을 기독교 서점과 비교하며 옹호한[45] 에디터들에게는 하나도 이상할 일이 아니다. '섹스퍼트(Sexpert)'라는 문패를 달고 연재된 것들 중 평범한 축에 드는 것들을, 헤드라인만 뽑아본다.

'어쩌다 섹스'가 죄인가요(2001년 8월 6일)

스트립클럽에서 삶의 활력소를(2001년 10월 3일)

열린 공간에서 스릴 있게(2001년 10월 17일)

섹스피크(sexspeak)로 뜨거운 잠자리를(2002년 8월 12일)


2002년 5월 9일자 〈데일리브루인〉 1면에는 '핫섹스를 위한 레시피'라는 기사가 실렸다. 존 어바인 박사가 은퇴자, 중년 부부, 젊은 여성들 대상으로 한 강연을, 란제리 팬티, 수갑, 섹스토이 사진과 함께 소개했다. "'남자의 가슴을 정복하려면 그의 배를 만족시켜라'라는 말이 있지요? 틀렸습니다. 배보다 20센티 아래가 정답입니다." 그러면서 어빈은 채찍 같은 섹스토이의 용법을 비롯해 성생활에 활력을 주는 갖가지 방법들을 소개했다. 대학신문이 이것을 뉴스라고 1면에 보도한 것이다.[46] "섹스천국의 입장료는 배터리

두 개[여성용 자위기구인 딜도에 들어가는]"라며 기자는 헐떡거렸다.

UCLA만이 아니다. 예일대와 캔자스대 신문에도 그래픽 자료가 포함된 섹스칼럼이 있다. 터프츠대 신문의 섹스칼럼 문패는 '시트와 시트 사이', 캘스테이트-롱비치는 '해변의 섹스'다. UC샌타바버라는 '수요일은 색色요일', 코넬은 '또 와'다. 다음은 이런 칼럼들, 그리고 낯뜨거운 상담 코너들의 제목만 대충 뽑아 본 것이다.

섹스할 때 하면 좋은 더러운 말(NYU 〈워싱턴스퀘어 뉴스〉, 2003년 10월 2일)

콘돔이 몸 안에서 빠졌을 때(UC샌타바버라 〈데일리 닉서스〉, 2003년 5월 14일)

포르노 산업의 가장 큰 죄악은 콘돔을 사용하지 않는 것 — 시청자들에게 나쁜 모범(터프츠대 〈터프츠 데일리〉, 2003년 4월 16일)

다양한 애널 섹스 테크닉(코넬대 〈코넬 데일리 선〉, 2003년 3월 13일)

레즈비언이 이성애자처럼 섹스하는 법(오리건주립대 〈데일리 바로미터〉, 2003년 5월 14일)

마지막으로, 오하이오주립대 〈포스트〉의 주옥 같은 명문.

대부분의 남성들이 경험으로 미루어 생각하는 것과 달리, 섹스는 포르노와 다름이 없다. 그리고 대부분의 여성들이 배운 것과 달리, 섹스는 두 사람 사이의 아름다운 어떤 것이 아니다. 아마 섹스야말로 두 사람 사이에서 일어날 수 있는 가장 괴상망측한 일이 아닐까. 순수한 환희로 인디언처럼 벌개진 얼굴을 한 두 사람의 몸이 뒤엉켜, 방귀를 뀌어 대며 하는.[47]

얼마나 매력적인가. 대학신문들은 섹스를 동물적인 만큼이나 낭만적이고 영적인 것으로 만들고 있다.

# 제6장

# 신神이 떠난 골짜기

## 낙태·안락사는 엄연한 살인

대학은 현대판 바벨탑이다. 교수들은 신에게 도전하기 위해 하늘까지 닿을 수 있는 지성의 탑을 건설하려고 한다. 이들은 성서의 도덕성을 무너뜨리고, 그 자리에 자기들이 선택한 상대주의적 도덕을 세우려 한다. 이런 교수들이 원하는 것은 신에 맞서는 지하드, 전통적 도덕에 맞서는 십자군[지하드jihad와 십자군Crusade 모두 본래 뜻은 '성전聖戰']이다. 그리고 이들의 싸움터는 순수한 학생들로 가득 찬 강의실이다.

교수들은 신이 존재하지 않는다고 한다. 설령 존재한다고 해도 세상일에 관여하지 않는다고 한다. 피터 싱거 교수(프린스턴대)는 "경우의 수는 셋이다. 첫째, 신이 있지만, 악이나 고통에는 관심이 없다. 둘째, 관심을 가진 신이 있지만, 능력이 모자란다. 셋째, 신은 없다. 개인적으로 나는 세 번째를 믿는다"[1]고 한다. 그렇다면 삶에는 아무런 의미도 규칙도 없는 것이 된다. 이렇게 교수들은 개인의 존재 자체의 목적을 상실하는 방향으로 학생들을 '계몽'한다.

교수들은 신을 증오하고, 조직화된 종교는 더욱 증오한다. 그들은 종교는 낙후했고, 현대사회에 위험하고, 수천 명의 무의미한 죽음의 원인이라고 생각한다. 종교는 사람들이 자신의 도덕성에 눈감기 위해 사용하는 유치한 장난감이라고 한다. 일반 대중의 40퍼센트가 일주일에 한 번 종교 예배에 참석하는 데 반해,[2] 교수들은 다섯 명 중 한 명꼴로만 참석하고, 48퍼센트는 예배에 거의 또는 전혀 참석하지 않는다고 말한다.[3]

신이 있던 자리에 교수들은 자신들의 이념의 신을 대신 놓는다. 웰슬리칼리지 다이애나 채프먼 총장은 '정신'을 숭배한다. 그녀는 UCLA 학생들의 모임에서 정신을 '사랑, 연민, 용서'라고 정의하면서, "이것은 신앙과 별개 문제이고, 따라서 우리는 종교 없이도 살 수 있다"고 말했다.[4] '동물을 사랑하는' 나머지 수간을 찬양하고, 동물이나 다름없는 장애아 살해를 지지하는 피터 싱거 교수는 "인간과 동물 사이에 거대한 간극을 만드는 근본주의적 기독교의 강력한 성향이 동물 운동의 장애물"이라고 말했다.[5] '사유재산 철폐'

를 신봉하는 폴 얼리치는 종교가 "빈곤과 부를 신의 뜻이라며 정당화하여, 엘리트의 지위를 공고히 하는 역할을 한다"[6]고 한다. '환경' 광신도인 조슈아 멀다빈 교수는 "기독교의 신이 '생육하고 번성하여 땅에 충만하라, 땅을 정복하라'고 했기 때문에 기독교는 해롭다"('지리학 5', 2001년 1월 11일)고 말했다.

신이 머물 곳이 없는 골짜기에서는 낙태나 안락사 같은 비인도적인 행위를 지지하는 데도 거리낄 것이 없다. 대학 교수들은 압도적으로, 그리고 전투적으로 낙태에 찬성하고, 학생들에게도 영향을 미치려 한다. 아이비리그 교수의 무려 99퍼센트가 낙태 처벌에 반대한다.[7] 학생들에 대한 영향은? 1996년 갤럽 조사에 의하면 고등학교를 갓 졸업한 여성의 47퍼센트가 낙태 처벌을 지지하는 반면, 그 여성들이 대학을 마칠 시점에는 그 비율이 24퍼센트로 떨어졌다.[8]

낙태 지지자인 노스웨스턴대 제임스 린드그렌 교수가, 로스쿨 교수들 가운데 낙태 합법화 지지자가 유난히 많은 이유를 조사했다. 결론은 낙태에 반대하는 인구집단인 히스패닉, 가톨릭, 공화당원이 로스쿨 교수진에 많지 않기 때문이라는 것이었다.[9] 어쩐지, 변호사들 중에 좌파가 유독 많더라니.

교수들은 태아를 죽이기 위해 목숨을 걸고 나선다. 무시

무시한 D&E(자궁경관확장 및 내용물흡인술)와 D&X(자궁경관확장 및 추출술)를 지지하는 교수들도 많다. D&E는 의사가 자궁 안 태아의 두개골을 포셉스(forceps)라는 도구로 부수고 몸을 해체해 긁어 내는 새로운 낙태법이다. D&X도 새로운 낙태법인데, 이 경우는 의사가 산도를 통해 아기의 발을 잡아 끌어낸 다음 두개골에 구멍을 뚫어 뇌를 빨아내고 몸을 제거한다. 여성의 선택할 권리가 모든 것에 우선한다. 살아 있는 아기의 두개골을 부수고, 뇌를 빨아내 싱크대에 버리는 한이 있더라도.

그러나 수잔 프렐리치 애플턴 교수(워싱턴대-세인트루이스)는 D&X보다 'D&X 금지'가 더 잔인하다고 한다.[10] 앤 데이비스 박사(컬럼비아대)는 D&E와 D&X 시술 모두 "매우 안전하다"고 한다.[11] 낙태 시술이 누구에게 안전하다는 말인가? 낙태 금지가 누구에게 잔인하다는 말인가? 분명히 아기에게는 아니다.

유대기독교 전통에서는 안락사를 본질적으로 올바르지 않은 것으로 본다. 생명은 신이 주고, 신이 가져가는 것이다. 언제 죽을지는 개인이 결정하는 것이 아니다. 그러나 교수들은 인간의 생명이 신이 준 것이 아니므로, 적당하다고 생각될 때 마음대로 처리할 수도 있다고 생각한다. 생명은 그것을 가지고 있는 사람이 주인이며, 따라서 생명을 끝

내는 것도 그가 결정할 일이라는 것이다.

하버드대의 시드니 왠저와 제임스 보렌버그 교수는 의사의 조력을 받는 자살을 허용하는 법안을 공동으로 만들었다. "누구든지 삶이 질곡이 되었을 때는 그로부터 빠져나갈 권리가 있다"는 이유에서다. 이들은 나아가, 말기의 난치병 환자가 아닌 사람들에게도 안락사를 허용해야 한다고 한다.[12]

대표적인 안락사 지지 단체인 '헴록회(Hemlock Society)' 회장은 2003년 9월 현재 폴 스파이어스 교수(MIT/보스턴대)이고, 이사진에도 프레드 리차드슨(전 오하이오 웨슬리언대), 앨런 마이젤(피츠버그대) 등 교수들이 참여하고 있다.[13] 안락사를 지지하는 또 하나 주요 단체인 '존엄사尊嚴死회(Death With Dignity)'는 2003년 9월 현재 이사진에 데이비드 오렌디처(인디애나 로스쿨), 찰스 배런(보스턴 로스쿨), 데이비드 J. 개로(에모리 로스쿨)를 비롯해 데이비드 마요(미네소타대), 티모시 퀼(로체스터대), 마거릿 배틴(유타대), 이반 젠젤(스탠퍼드의대), 새뮤얼 클락스브런(앨버트아인슈타인의대), 샤론 발렌테(서던캘리포니아대), 제임스 워스(아크론대), 어빈 얄롬(스탠퍼드대), 찰스 맥칸(전 예일의대) 교수 등이 있다. 앨런 마이젤은 헴록회와 존엄사회 두 곳 모두에 관여하고 있다.[14]

웨인주립대 로버트 세들 교수는 잭 커보키언 박사[1990년 대 말, 수십 명의 난치병 환자를 안락사시켜 '죽음의 천사'라 불린 의사]를 돕는 변호인단의 한 사람이다.[15] 커보키언은 적어도 69건의 안락사에 직접 간여했는데, 그중 말기환자는 17명에 불과했다.[16]

만약 미국의 일반 여론이 대학처럼 강력하게 안락사를 지지했다면, 미국은 이미 자살 클리닉으로 가득 차 있을 것이다.

조사에 의하면 고등학교를 갓 마친 학생들의 77퍼센트가 실제로 신이 있다고 믿는 것으로 나타난다. 대졸 수준에서는 그 비율이 65퍼센트로 떨어진다.[17] 대학에 다니며 종교와 멀어지는 것은 어쩌면 젊음의 혈기 때문일 수도 있지만, 그보다는 대부분 대학들의 '안티 갓' 편향 때문일 가능성이 더 크다.

대학이 종교를 훼손하는 것은 지식이 본질적으로 종교를 적대시하기 때문이 아니라, 교수들이 종교를 훼손하고 싶어하기 때문이다. 교수들은 학생들의 롤모델로서, 그리고 교사로서 공공연하게 무신론을 선포한다. 낙태를 조장하고, 안락사 운동을 추진한다. 과학과 종교는 대결할 수밖에 없고, 그 경우 과학이 분명히 옳다고 가르친다. 신은 캠퍼스에서 더 이상 환영받지 못한다. 교수로 변장하지 않는 한.

## 기독교인이 차별받는 나라

2002년, 네브래스카대 풋볼팀 리시버코치 론 브라운은 스탠퍼드대 감독으로 옮겨가기 위해 면접을 보았다. 브라운은 네브래스카에서 17년 동안 일하며 제자 26명을 내셔널풋볼리그(NFL)에 진출시키는 등 업적을 쌓았고, 게다가 흑인이었다.[18] 스탠퍼드대에 딱 어울리는 인물인 듯했다.

그러나 한 가지 문제가 있었다. 브라운은 독실한 기독교인이었다. 그것이 걸림돌이 되었다. 스탠퍼드대 운동부 차장 앨런 글렌은 브라운의 종교를 문제 삼으면서, "우리는 다양한 동문을 배출한 아주 다양한 공동체다. 무엇이든 튀는 것은 유심히 보아야 한다"고 했다.[19] '튀는 것'이란 구체적으로, 브라운은 성서의 동성애 금지를 실천하기로 공개적으로 서약했는데, 스탠퍼드대는 동성애 금지에 반대한다는 것이었다. 브라운은 이를 '이중 차별'로 받아들였다. "흑인이라는 이유로 차별할 때는 대놓고 그렇게 말하지 않으면서, 기독교 신앙을 이유로 차별할 때는 노골적"이라는 것이다.[20]

브라운 같은 사례는 드물지 않다. 기독교인들은 종교적 견해를 이유로 교수 초빙에서 거절당하고, 강의실에서 조롱받기 일쑤다. 트로이 톰슨 박사가 웨인주립대 의과대학원에 다닐 때의 이야기다. "실습 시간에 잭 커보키언 박사 초청 특강이 있었다. 커보키언의 행위가 '의료살인'이라 불리던 때다. 그가 우리에게, 낙태가 비윤리적이라고 생각하는 사람은 손을 들라고 말했다. 강의실의 학생 300명 중 손을 든 사람은 나 혼자뿐이었다. 커보키언은 나를 가리키면서 학생들에게 말했다. '이 학생은 진짜 의사가 될 수 없는 종교적 광신자라고 생각하는 사람, 손 들어 보세요.'"[21] 이렇게 젊은 학생 하나를 안락사시키는 대화가 오가는 동안 원래 담당교수는 어디 있었을까?

감리교 학교인 디포대에서, 재니스 프라이스라는 교수가 대학본부의 반 기독교적 행태의 희생자가 되었다. 프라이스는 제임스 돕슨이 후원하는 잡지 〈화제의 교사들(Teachers in Focus)〉을 가지고 와서 강의실 뒤 테이블 위에 올려놓았다. 학생들에게 수업 후 관심 있으면 마음대로 가지고 가라고만 말하고, 수업에서는 잡지에 관해 일언반구도 하지 않았다. 그런데 그날 잡지에 실린 기사 중, 동성애 같은 민감한 문제에 공립학교가 어떻게 대처해야 하는지에 관한 내용이 있었다. 기사를 본 학생 하나가 교수를 행정실에 신고했다.

딱 걸렸다.

교무부처장 닐 에이브러햄은 프라이스의 행동은 "비난받

아 마땅하고" 잡지는 "편협"하며, 강의실에 "적대적 환경"을 조성했다고 비난하면서, 프라이스를 감시처분과 함께 25퍼센트 감봉에 처하고, 강의에서 배제했다.[22] 감리교 학교에서 일어난 일이다.

대학 자체가 경건한 기독교인과 유대인을 차별한다. 대학의 관용이란 비非 유대기독교 문화에 한하는 것이다.


## 유대인은 왕따

9·11 이후 캠퍼스의 반유대주의 정서는 고삐 풀린 상태가 됐다. 이스라엘을 비판해도 반유대주의자란 말을 듣지 않게 되었다. 이스라엘의 생존권 자체를 비판하고, 이스라엘을 없애 버리자는 주장을 펼쳐도, 즉 시오니즘을 비판해도 반유대주의자란 말을 듣지 않게 되었다.

교수들은 중동의 모든 문제가 유대인과 함께 시작되었다고 믿는다. 가장 큰 문제는 1948년의 이스라엘 건국과, 1967년 이집트, 요르단, 시리아의 이스라엘 공격으로 촉발된 '6일전쟁'[공식적으로는, 이집트의 티란해협 봉쇄에 따른 이스라엘의 '선제적 대응']이다. 교수들은 6일전쟁에서 이스라엘이 추가로 획득한 땅 요르단강 서안西岸(West Bank)과 가자

지구地溝(Gaza Strait)를 '점령지'라고 부른다. 1993년의 오슬로협정으로 서안과 가자의 팔레스타인인들이 야세르 아라파트와 그의 팔레스타인 자치정부의 통치 아래 살게 된 후로도 '잔혹한 점령'의 신화는 여전히 남아 있다.

류크 브레스키 교수(UCLA)는 '영어 80' 강의에서, 이스라엘의 서안 점령을 18~19세기 미국의 흑인 노예제도와 비교했다(2001년 10월 16일). 푸아드 M. 무그라비 교수(테네시대-차타누가)는 "다른 세계의 눈에 이스라엘은 점점 더 남아프리카를 닮아 가고 있다"[23]고 한다. 이런 비교는 흑인 노예들과 남아프리카 흑인들의 고통을 모욕하는 처사다.

스네할 싱가비 교수(UC버클리)의 '영어 R1A' 강좌가 '팔레스타인 저항시'라는 부제를 내걸어 전국적인 소란을 일으킨 일이 있다. 강의개요에는 친절하게 "보수적 사고를 가진 수강생은 다른 수강반을 선택할 것을 권함"이라는 안내도 포함되어 있었다.[24] 버클리에 비난이 쏟아지자, 학교측은 강의개요를 수정해 올리도록 했다. 수정 결과는 ― 맨 마지막 '친절한 안내'를 삭제한 게 전부였다.[25]

교수들 거의 모두가, 미국이 호전적인 이슬람과 사이에 문제가 생긴 것은 미국이 이스라엘을 지원했기 때문이라고 비난의 화살을 돌린다. 9·11사태 몇 시간 후, 짐 리아 교수(서던미시시피대)는 테러 책임이 미국의 이스라엘 지지에 있

다고 비난했다.[26]

팔레스타인 출신으로 이제는 고인이 된 에드워드 사이드는 "미국에서 유력 정치인은 무조건 이스라엘을 지지한다고 선언해야 한다. 이것이 이스라엘 로비의 힘이다",[27] "미국 행정부는 사실상 기독교 우파와 이스라엘의 로비가 좌지우지한다"[28]고 생전에 말했다. 유대인을 조직적으로 탄압한 나치 독일, 제정 러시아, 그리고 스탈린 치하의 소련에서 익히 들은 말이다.

이런 지경이니, 유대인 중에서도 시오니스트로 분류되는 학생들은 캠퍼스에 설 땅이 없다. '문화적으로 유대인'이면 상관없고, '종교적 유대인'도 마지못해나마 용납하지만, "이스라엘에 자위권이 있다"고 말하는 순간 갑자기 분위기는 싸해진다.

이런 분위기를 타고, 미국 대학들에서는 대對 이스라엘 투자 회수 운동이 벌어지고 있다. 이스라엘 경제에 투자하는 회사들에 대학들이 투자한 돈을 회수하자는 운동이다. 이 운동은 프랜시스 A. 보일 교수(일리노이주립대)로부터 비롯되었다. 그는 "이스라엘이 서안과 가자에서 철수하고, 팔레스타인이 귀환할 권리를 인정하고, 자국 방위를 중단할 때까지" 이스라엘에 대한 투자를 회수하자고 촉구했다.[29] 하버드와 MIT가 즉시 동참했다. MIT 교수 57명이 호소문에 서명했고, 하버드 교수 75명도 이 반역적인 문서에 이름을 올렸다.[30] 프린스턴대가 뒤를 따라, 43명의 교수가 팔레스타인 봉기의 책임을 이스라엘에 돌리면서, "팔레스타인인 인권침해"를 규탄하는 호소문에 서명했다.[31] 컬럼비아대 버나드칼리지에서도 2004년 1월 현재 교수 107명이 호소문에 서명했다.[32] 매사추세츠대학교도 이 유대인 혐오운동에 참여하여, 2004년 1월 현재 45명의 교수가 서명했다.[33] 2002년 10월 현재 이 투자 회수 서명운동은 40개 대학으로 확산되었다.[34]

이 투자 회수 운동의 중심은 UC의 여러 캠퍼스들이다. 2003년 10월 현재 범UC 캠퍼스에서 무려 223명의 교수가 투자 회수 호소문에 서명했다. 버클리에서 96명, 데이비스 15명, 어바인 14명, LA 13명, 리버사이드 7명, 샌디에이고 32명, 샌프란시스코 5명, 샌타바버라 16명, 샌타크루즈 23명 등이다.[35]

이런 움직임들을 보면 자연스럽게, '학내 유대인 지원센터들은 무엇을 하고 있을까?' 하는 의문이 든다. 그들은 유대인의 적 편에 서서 함께 싸우고 있다. UCLA의 유대인 지도자가 바로 그런 사람이다. 차임 세이들러펠러, 그는 미국 최대의 학내 유대인 조직인 UCLA 힐렐 대표다. 컬럼니스트 에이비 데이비스는 그를 일컬어 "로스앤젤레스의 요주의 리버럴 좌파로, 가장 악랄한 반유대, 반시온주의 발언을 쏟아 내는 집단들이 참여하는 집회들의 조직자이고, 이스라엘이건 미국이건 우익 정부는 여지없이 비판하는 사람"[36]이라 한 바 있다. 홀로코스트 희생자를 애도하는 모임에서 세이들러펠러는 이스라엘의 팔레스타인인 처우를 나치의 유대인 처우에 비교하면서, "유대인들이 홀로코스트에서 희생되었다고 하여 유대인이 다른 사람들을 희생시키는 데 면죄부를 받는 것은 아니다"라고 말했다.[37] 학내 유대인 학생들의 인도자라는 작자가 무슨 망령인지.

역시 유대인 단체인 '티쿤공동체(Tikkun Community)'도 반유대 극좌파 단체다.

유대인과 유대인 단체가 이 지경이니, 캠퍼스의 반 이스라엘 정서는 사실상 아무런 저항도 받지 않으며 해가 갈수록 심화돼 간다. 팔레스타인 대 이스라엘 지지가 일반 미국인에서 15 대 48퍼센트[38]로 친 이스라엘이 압도적인 데 반해, 대학생들 사이에서는 그 격차가 22 대 35퍼센트(6퍼센트는 양측 모두 지지)로 완화된다.[39] 그러나 사립대들(34 대 26)과 북동부 대학들(36 대 23)에서는 팔레스타인을 편드는 학생이 더 많다.[40] 이런 것이 교육의 힘이다. 잘못된 교육은 잘못된 방향으로 강력하다.

오랫동안 반 이스라엘, 반미 칼럼을 써 온 로버트 피스크라는 인물이 있다. UCLA의 주디아 펄 교수가 피스크를 "증오의 보따리장수"라고 비난한 적이 있다는 사실을 우연히 알고 솔깃했다.

'UCLA에 이스라엘을 지지하는 교수가 있다니!'

그래서 나는 펄 교수에게 이메일을 보내, 대학신문에 칼럼을 쓰려는데 인터뷰를 해 줄 수 있겠느냐고 물었다. 그는 주저하다가 하룻밤 말미를 달라고 하고는, "하지만, UCLA 정치학과에 공개적으로 이스라엘을 편드는 용감한 학생이 있다니, 칭찬하고 싶군요"라고 덧붙였다.

나중에 안 사실이지만 펄 교수는, 파키스탄에서 유대인임을 밝히고 이슬람 광신자들에 의해 잔인하게 살해된 〈월스트리트저널〉 대니얼 펄 기자의 아버지였다. 이스라엘을 편드는 유대인들끼리 '하도 드물어 솔깃하고 반갑다'니, 대학에서 유대인이야말로 배려받아야 할 소수자 아닌가!

# 제7장

# "9·11은 미국 탓"

## "오사마 만세!"

2001년 9월 11일 아침, 나는 아버지와 함께 여동생과 친구들을 학교까지 카풀해 주고 있었다. 막 아이들이 내리고 아버지와 나만 남았을 때 아버지의 휴대폰이 울렸다.

"여보세요?"

"큰일났어요!" 카풀해 준 여학생의 어머니였다.

"뭐가요?"

"세계무역센터가 폭파됐어요!"

"뭐라고요?"

"모르셨어요? 세계무역센터가 폭파됐다고요!"

"세상에⋯."

9·11테러가 발생하자 미국인들은 2차대전 이후 처음으로 단결했다. 대규모 기도회가 열렸다. 즉석 추도회가 열렸다.

미국 국민은 가시적으로 나타난 적敵을 두 눈으로 보았고, 부시 대통령의 테러와의 전쟁에 전폭적인 지지를 보냈다.

그러나 대학에서만은, 아니었다.

학교에 도착한 나는 어떤 종류, 어떤 형식으로든 캠퍼스 전체에서 단합대회가 열릴 것으로 당연히 기대했다. 교수들이 이 나라의 위대함에 대해 토론할 줄 알았다. 학생들이 희생자들을 위한 철야기도를 하고, 전쟁을 지지하는 집회를 가질 줄 알았다.

내가 순진했다.

희생자를 추도하는 집회들이 간간이 있기는 했다. 그러나 미국의 비극의 날에 성조기를 든 사람은 없었다. 추도의 말끝마다 "그러나~"라며 반드시 단서가 붙었다. 미국인의 자긍심과 애국과 단결이 캠퍼스에는 없었다.

교수들은 즉시 9·11의 책임을 미국에 돌렸다. 그것은 외교정책 실패로 일어났다는 것이다. "우리의 낭비적 소비가 제3세계를 분노하게 했다", "우리가 이슬람을 존중하지 않았기 때문", "카우보이 미국 스타일의 오만", "노예제도, 억압, 아메리칸인디언과 아프리카인에 대한 야만적 행위가 그들을 분노케 했다"…. 한마디로 미국의 '나홀로' 태도가 잘못되었고, 사담 후세인과 오사마 빈 라덴은 적이 아니라 강력하고 원칙 있는 지도자들이라는 것이다. 보수 정치평론가이기도 한 빅터 데이비스 핸슨 교수(캘스테이트-플레스노)는 "겉멋 부리는 사람들까지 포함하면 교수들의 거의 90퍼센트는 반미反美"라 개탄했다.[1]

워싱턴DC, 뉴욕, 펜실베이니아에서 3천 명의 미국인이 죽고, 100층 빌딩에서 사람들이 뛰어내려 죽는 것을 보면서 전全 미국이 슬퍼하고 분노하는데, 교수들만 기뻐했다. 9월 11일, 리처드 버트홀드 교수(뉴멕시코대)가 집회에 모인 학생들 앞에서 마이크를 잡고 말했다. "펜타곤을 폭파하는 사람에게 한 표!"[2] 이날 하루만 전국에서 20여 명의 교수가 연단에 올라가 이런 발언을 했다.

'정치학 10'의 댄 오닐 교수는 자칭 "뼛속까지 빨갱이"다. 그는 수업에서 "9·11은 로크의 시민저항권에 딱 맞는 사건"이라고 설명했다(2001년 12월 6일). 학생들 대부분은 마치 교수가 끈으로 조종하는 꼭두각시처럼 고개를 끄덕이며 침묵으로 동의했다.

2001년 11월 노스캐롤라이나대(UNC)에서 열린 토론회에 『불량국가: 세계 유일의 초강대국에 대한 안내서(Rogue State: A Guide to the World's Only Superpower)』(2000)[같은 제목의 2001년 촘스키 저서와는 다른 책]의 저자 윌리엄 블럼이 참석했다. 발표에서 블럼은 "미국보다 더 많은 테러리스트를 보유하고 있는 나라는 세계에 없다"고 의기양양하게 말했다.[3]

캐서린 럿츠 교수(UNC)는 "오사마 빈 라덴이 9·11의 주범이라면, 국제경찰을 보내 잡아 오라. 단, 헨리 키신저[1969년 닉슨~1977년 포드 행정부 시대 백악관 보좌관, 국무장관]와 아우구스토 피노체트[1974~90 칠레 대통령]도 함께!"라고 말했다.[4] [미국이 9·11의 배후로 지목하고 수배한 오사마 빈 라덴은 민주당 오바마 행정부 때인 2011년 파키스탄 이슬라마바드에서 미군 특수부대에 의해 살해되고 수장水葬되었다.]

교수들은 걸핏하면 '테러리스트 미국'을 입에 올린다. 마이클 허드슨 교수(조지타운대)는 "우리는 히로시마와 나가사키에 대한 우리의 책임을 상기하고, 우리가 그렇게 선하지 않다는 것을 알아야 한다"고 주장했다.[5] 위스콘신대-매디슨 교수로 캠퍼스홍보위원장을 지낸 애덤 골드스타인은 대학신문 〈배저헤럴드〉 편집장에게 보낸 편지에서, "테러리스트에 관해 설교를 하기 전에 사실을 바로 알리려고 노력하시오. 우리의 지도자들이 히틀러나 스탈린 같은 20세기의 괴물들과 다를 바 없는 전쟁범죄자라는 사실을 직시해야 합니다"라고 항의했다.[6] 로버트 젠슨 교수(텍사스대)는 9·11테러가 "미국 정부가 그동안 저질러 온 대규모 테러 행위보다 더 비열하지 않다"면서,[7] "9·11의 그날 나는, 미국에서 권력을 잡고 있으면서 민간인 공격을 공작한 사람들을 향해 분노했다"고 말했다.[8] '공작'이라니, 미국 해병대가 여객기를 납치해서 민간인들이 가득 찬 빌딩으로 날아 들어가기라도 했단 말인가?

반미라면 노엄 촘스키 교수(MIT)를 능가할 사람이 살아 있는 교수 중에는 없다. 2002년 촘스키는 『9·11』이라는 책에서 겉으로는 "9·11사태는 그 무엇으로도 정당화할 수 없다"는 태도를 취하는 척하다가, 결국은 "국제사법재판소(ICJ)가 미국을 테러리스트 국가로 규탄한 것은 옳다. 미국은 대규모 테러리즘의 책임이 있으며, 그것은 바로 지금도 계속되고 있다"고 본색을 드러냈다.[9]

UCLA는 9·11 테러를 주제로 여러 개의 세미나 과목을 개설했다. 그중 하나가 '테러리즘과 지식의 정치학'이다. 강의개요는 이렇게 되어 있었다. "세계가 9·11 폭격을 단결해서 규탄하는 것은 옳다. 그러나 미국의 주류 미디어는 미국 자신의 제국주의적 모험주의에는 계속 둔감하다. 세계무역센터 폭파는 미국의 이라크, 수단, 중동 지역에서의 과잉 활동과 관계가 있다는 비판적인 목소리에도 귀를 기울이지 않는다. 이 세미나는 우리가 '테러리즘'과 그 수행자를 어떻게 '구성'하는지에 대해 근본적인 질문을 제기한다. 이 세계의 빈 라덴 세력과 '서방 국가 테러리즘' 간의 관계는 무엇인가?"[10]

록산 던바오르티즈 교수(캘스테이트-헤이워드)는 '테러리즘과 섹스'라는 과목을 재빨리 개설했다. 그녀는 군사적 충돌은 남성의 성적 공격성에 기인한다며, "군사 충돌은 전투에 참여하는 사람들에게 반드시 지옥인 것은 아니며, 일종의 에로티시즘"이라고 한다. 미국의 침략으로 인한 아프가니스탄 탈레반 전사들의 고난을 강조하는가 하면, "지구상에서 자행되는 가장 잘 기록된 테러리스트들 상당수가 부시 행정부 안에 있다"고도 했다.[11]

9·11에 대한 대학의 반응은 한마디로 '미국이 당해도 싸지' 아니면 '테러에는 다 이유가 있지'였다. 빌 이스라엘 교수(메사추세츠대)는 "테러는 미국 외교정책의 예측가능한 결과"라고 말했다.[12] 교수들은 테러리스트를 '이해'하려 했고, 그들을 정당화함으로써 그들의 활동이 악이 아니라고 주장하려 했다. 통상 이것은 '무슬림의 분노'를 편들고 미국의 외교정책을 비난하는 것을 의미한다. UCLA에서는 그런 이해가 세미나 과목으로 등장했다. 존 애그뉴 교수의 '탈레반 이해하기' 같은 과목이다.[13] 뉴욕에 있는 세인트로렌스대도 '왜 "그들"은 "우리"를 증오하는가'라는 과목을 개설했다.[14]

그렇다면 9·11의 교훈과 해결책은? "군사행동보다, 그들의 불만을 이해하고 이런 움직임을 다룰 수 있는 정치개혁을 이룩할 필요가 있다"(폴 루벡, UC샌타크루즈),[15] 그러니까 미국의 외교정책을 바꿔야 한다는 것이다. 도널드 콰태르트 교수(빙햄턴대-뉴욕)는 9·11사태는 25년간 지속된 "미국의 중동정책 실패" 때문이라고 말했다.[16] 구체적으로 톰 페티그루(UC샌타크루즈)는 9·11 사태의 책임을 미국의 행동과 정책, 특히 이스라엘에 매년 20억 달러의 원조를 제공한다는 사실에 돌렸다. 그럼, 미국이 이집트에게도 매년 그만큼의 돈을 제공하고 있는 등, 무슬림 국가들에 제공하는 총액이 이스라엘에 가는 돈보다 압도적으로 많다는 사실은?

## 이슬람을 비난하면 안 된다고?

9·11에 대한 교수들의 두 번째 반응은, 모든 가능한 비난으로부터 이슬람을 보호하는 것이었다. 그리고 이 일을 환상적으로 해냈다. 폴 파워스 교수(루이스앤드클라크칼리지)는 수업에서 "9·11은 이슬람이 일으키지 않았다. 이슬람은 본질적으로 폭력적이 아니며, 대부분의 무슬림은 이 사건과 관련 없는 평화로운 사람들이다"[17]라고 말했다.

미국인은 대체로 이슬람에 우호적이다. 보통 미국인은 이슬람에 대해 '부정적인 인상을 갖는다' 39퍼센트, '긍정적' 47퍼센트로 긍정이 약간 우세하다. 그 격차가 대학생들 사이에서는 부정 24퍼센트, 긍정 61퍼센트로 커진다.[18] 그렇게 배우기 때문이다.

교수들은 신보다 자신들의 지성을 더 믿는 무신론자들이고, 따라서 일체의 제도종교를 부정하는 척하지만, 마찬가지로 유일신교이고 제도종교인 이슬람에 대한 태도를 보면 꼭 그렇지만도 않다.

교수들은 이슬람이 관용寬容적이고 평화를 사랑한다고 말한다. 이슬람이라는 말의 뜻부터가 '평화' 아니냐는 것이다. 알리 파라그(루이스빌대),[19] 무스타파 수와니(트루먼주립대),[20] 나디라 K. 차라니야(스프링필드칼리지),[21] 제키 사리토프라크(베리칼리지),[22] G. A. 샤리프(전 벨라민칼리지)[23] 등 수십 명의 교수가 이런 말을 한다. 알리 아사니 교수(하버드대)는 "그런 뜻에서, 기독교도나 유대인도 무슬림이다. 누구든지 유일신에게 복종하면 무슬림이다"라고 한다.[24]

그렇지 않다. 이슬람은 '평화'가 아니라 '복종'이고, 무슬림은 '복종하는 사람'이라는 뜻이다. 무엇에 대한 복종인가? 무슬림이 아닌 사람은 영원한 불길의 고통 속에 앉아 있게 된다[25]는 가르침에 대한 복종이다. 이교도 살해를 부추기는 코란(「수라서」 4, 5, 9장)의 명령에 대한 복종이다.[26] 실제로 대부분의 무슬림들은 자살폭탄이 이슬람 신앙과 배치된다고 여기지 않는다.

그런데도 교수들은 이슬람이 부당한 '몰이해'의 희생물

이 되었다고 한다. 아켈 카하라 교수(텍사스대)는 미국의 반<br>
反 이슬람 정서는 "무지, 편견, 지적 인종주의" 탓이라고 비<br>
난한다.[27] 테러리스트들이 대부분 무슬림이고, 이들이 수천<br>
명의 미국인을 살해했고 지금도 위협하고 있다는 사실은 안<br>
중에 없다. 자말 A. 바다위 교수(코네티컷대)는 "역사를 통틀<br>
어 볼 때, 사람들은 종교의 이름으로 가장 끔찍한 일을 했<br>
다"면서, 종교란 원래 그런 것이니 이슬람을 비난해서는 안<br>
된다고 강변했다.[28] 다이애나 에크 교수(하버드대)도 "모든<br>
종교 전통에는 정의와 진리에 대해 자신들이 갖는 환상을<br>
위해 죽이고 파괴하려는 광신자들이 있다"고 한다.[29] 언제<br>
는 이슬람이 '평화'라는 뜻이라더니? 그리고 교수님, 왜 유<br>
대교와 기독교인들은 종교의 이름으로 무고한 민간인들과<br>
함께 자폭하지 않는 것일까요?

국제적인 테러와 인권 탄압에 자주 이슬람이 연루되는<br>
사실을 희석하기 위해 교수들은 '미국 내 테러'를 끌어들인<br>
다. 낙태 반대 폭탄 투척, 티머시 맥베이[1995년 오클라호마<br>
소재 연방정부청사 폭탄트럭 테러사건 주범. 168명이 숨진 이 사<br>
건은 9·11 전 미국 최대의 테러사건이었다.] 같은 백인 기독교<br>
도나 유나바머[Unabomber, 본명 시어도어 카진스키, 전직 교수<br>
로, 은둔생활을 하며 1978~95년까지 16회에 걸쳐 우편물폭탄을<br>
보내 3명 사망, 29명 부상] 같은 광신자들도 이슬람 테러리스트와 마찬가지로 미국인에게 위험하다고 교수들은 주장한다. 앨런 리처즈 교수(UC샌타크루즈)는 "테러와의 전쟁이라는 군사전술을 선포하기 앞서, 광신주의와의 전쟁을 선포했어야 한다. 뉴욕과 워싱턴에서 사람들을 죽인 것이 바로 광신주의다. 무슬림에만 광신주의자가 있는 것은 아니다. 미국 안에도 있지 않은가"고 묻는다.[30] 마크 버크슨 교수(햄라인칼리지)는 "오사마 빈 라덴의 행위로 이슬람을 판단하는 것은, 티머시 맥베이의 행위를 기초로 모든 기독교도를 심판하는 것과 같다"[31]고 한다. 바다위 교수는 유독 "이슬람 배경의 사람이 테러를 저지르면 이중 잣대를 들이댄다"고 항변한다.[32] 9·11은 일부 광신자의 소행일 뿐이고, 광신자는 미국인들 가운데도 있으니, 무슬림에게만 단호한 조치를 취하는 것은 부당하다는 것이다.

이것은 교묘하게 학생들을 오도하는 말들이다. 맥베이는 기독교도가 아니라 무신론자라고 스스로 밝힌 데 반해, 빈 라덴은 독실한 무슬림이다. 맥베이는 168명을 죽였고, 유나바머는 1993년 이후 6명을 죽였다.[33] 전 세계에 걸쳐 이슬람 테러리스트들에게 살해당한 막대한 미국인들의 숫자와 비교할 것도 없다. 무슬림 테러리스트들은 9월 11일 하루에만 맥베이와 유나바머 희생자의 17배나 되는 사람을 죽였고, 더 많은 살상을 지금도 획책하고 있다. 그리고 미국 법은 무슬림에게만 가혹하지 않다. 맥베이와 유나바머 모두 사형을 선고받았다[멕베이는 2001년 사형 집행, 그러나 유나바머는 범행 자백에 따라 종신형으로 감형].

데이비드 F. 포티 교수(클리블랜드주립대)는 한 발 더 나아가, 9·11이 '비뚤어진 이슬람'의 소행일 뿐만 아니라 "오사마 빈 라덴 때문에 이슬람까지도 희생양이 되고 있다"고 몰고 간다. 그는 "빈 라덴 식의 극단주의는 이슬람 전통보다 스탈린, 히틀러, 마오쩌둥이 한 행위에 더 가까우며, 자신의 무슬림 형제들을 상대로 전쟁을 선포한 셈"[34]이라는 것이다. 그렇지 않다. 대부분의 아랍 국가들은 음으로 양으로 빈 라덴을 지지한다. 주요 무슬림 이맘[imam, 이슬람 종교지도자나 학자]들이 9·11 공격과 이스라엘 내 자살폭탄테러를 규탄하는 것을 본 적이 있는가? 이슬람은 평화의 종교가 아니다.

그런데도 지식인들은 9·11 직후 "무지한 인종주의자 미국인 군중"이 아랍계 미국인을 무차별 공격할 것을 걱정했다. 에드먼드 버크 교수(UC샌타크루즈)는 "우리 모두 일어나서 '내가 아랍계다!' 하고 외쳐야 한다"고 촉구했다.[35] 교수들은 근거도 없이, 마치 백인 광신자들이 떼 지어 길거리를 돌아다니며 무슬림들을 무차별 살해라도 할 것처럼 호들갑을 떨었다.

그러나 무슬림 미국인에 대한 다른 미국인들의 증오는 현실화된 적이 없다. 칼럼니스트 앤 콜터가 적확하게 지적했듯 "실제 미국인에 의한 유일한 증오범죄는 단 한 건 발생했다." 그것도 애리조나의 한 미치광이가 시크교도 한 명을 무슬림으로 오인해 살해한 사건이다. "그러니까 9월 11일 하루에 증오범죄로 살해된 사람은 무슬림에 의해 3천 명(잠정 집계), 백인에 의해 단 1명이었다."[36] 그리고 남부 켄터키주만 볼 때, 9·11사태 후 2002년 9월 11일까지 만 1년 동안 확인된 아랍계 미국인에 대한 증오범죄 역시 단 한 건뿐이었다.[37]

## 테러 옹호는 지적(知的) 테러다

9·11사태가 있고 나서 9일 후, 부시 대통령은 의회에서 "모든 지역, 모든 나라는 이제 결정해야 합니다. 우리 편에 서거나, 테러리스트 편에 서거나. 오늘 이후로 어떤 나라든지 계속하여 테러리스트들에 은신처를 제공하거나 지원하는 나라를 미국은 적대적 정권으로 간주할 것입니다"[38]라며 '테러와의 전쟁'을 선포했다. 신속하게 탈레반을 내몰고, 국토안보국을 설치하고, 테러 단체의 자금줄을 차단하고, 이라

크를 테러의 근원지로 지목했다.

그러자 교수들이 들고 일어났다. 테러와의 전쟁은 '폭력의 악순환'을 가중시킬 뿐이며, 게다가 "우리가 적을 죽인다면, 우리가 그들과 무엇이 다른가?"라는 것이다. 지식인들은 곧 한데 뭉쳐, '낫인아워네임(Not In Our Name)'이라는 반전단체를 결성했다. 이들은 〈뉴욕타임스〉에 "2001년 9월 11일 이후 대두한, 세계 인민들에게 중대한 위험을 제기하는 정책과 정치노선 전반에 저항할 것"을 '미국 인민들'에게 촉구하는 「양심선언문」을 발표했다.

"모든 미국인은 부시 행정부가 전 세계로 확산시킨 전쟁과 억압에 저항합시다. 그것은 부당하고, 부도덕하고, 불법적입니다."

선언은 9·11을 걸프전 중 미국의 바그다드 폭격과, 베트남전쟁 기간 중 일어난 사건들과 비교한다. 요르단강 서안과 가자 경비 임무를 거부한 이스라엘군 병사와, 베트남전쟁 징병거부자를 칭송한다. 선언은 묻는다. "미국 정부가 어디든지 원하는 곳에 특공대, 암살단, 폭탄을 투하할 수 있는 백지수표를 가지게 된다면, 어떤 종류의 세계가 될 것인가?" 선언은 또 '현재 미국의 정책으로 상처를 받은 자들'과의 연대를 맹세했다. 즉, 테러리스트들과.

이 반역적인 「양심선언문」에 많은 교수들이 서명했다. 조엘 베이닌(스탠퍼드대), 폴 체비그니, 크리스틴 해링턴(이상 뉴욕대), 노엄 촘스키와 데이비드 콜(이상 조지타운대), 킴벌리 크렌쇼(컬럼비아/UCLA), 록산 던바오르티스(캘스테이트-헤이워드), 리오 에스트라다, 손드라 헤일(이상 UCLA), 데이비드 하비, 제시 레미시(이상 CUNY), 수재너 헤셸(다트머스대), 프레드릭 제임슨(듀크대), 리처드 류원틴(하버드대), 로절린드 페체스키(헌터대), 피터 래클레프(매칼래스터칼리지), 사스키아 사센(시카고대), 에드워드 사이드, 줄리엣 쇼르(이상 보스턴칼리지), 론 타카키(UC버클리), 마이클 타우식(컬럼비아대), 매뉴얼 월러스타인, 하워드 진(이상 예일대) 교수 등이다.[39]

2001년 11월에는 테러와의 전쟁을 비난하는 〈뉴욕타임스〉 광고에 버클리 교수 66명을 비롯한 166명의 지식인이 서명했다.[40] 테러와의 전쟁은 야만적이고, 충격적이고, 추잡하다고 그들은 외쳤다. 테러리스트를 공격하면 우리 자신도 테러리스트보다 나을 게 없다고.

이들은 빙산의 일각에 불과하다. 캘스테이트-치코의 한 교수는 부시 대통령이 "무고한 사람을 죽이고, 아랍세계를 식민지화하고, 부시 일가가 석유를 독점하게 하려 한다"고 주장했다.[41] '9·11 음모설'을 제기하며 부시 대통령 탄핵 청원을 주도한 민주당 신시아 맥키니 하원의원의 데자뷔 같은 느낌이다. 이들은 이 모든 일이 전쟁 하나 가지고 가능하다고 정말로 믿기나 하는 걸까?

마이클 허브 교수(조지아주립대)는 "부시는 말로는 테러와의 전쟁은 무슬림을 겨냥한 것이 아니라고 하지만, 이후 실제로 하는 행동을 보면 한편으로 이라크 공격을 기도하면서 다른 한편 아랍―이스라엘 분쟁에는 눈을 감는 극명하게 다른 두 얼굴을 보이고 있다. 세계 다른 나라 사람들은 대부분 미국보다 아랍에 심정적으로 동조한다는 사실을 모르는가?"라며 비판했다.[42] 테러와의 전쟁이 "폭력의 악순환을 부를 것"(에인 아처, UC샌타크루즈)[43]이라는 경고도 잊지 않았다. "우리의 비뚤어진 '테러와의 전쟁'으로 미국은 미래의 공격에 더 취약해졌다"(베루즈 가마리, 조지아주립대),[44] "보복이 테러 공격이 재발할 개연성을 높인다는 것은 거의 확실하다"(톰 패티그루, 조지아주립대).[45] 테러리스트를 과녁으로 삼으면, 그들이 격분하여 또다시 민간인을 살해하는 등으로 보복할 것이라고? 하지만 도대체 9·11은 그에 앞선 어떤 부당한 행동에 대한, 무슨 정당한 보복공격이었단 말인가?

이라크와 이란, 북한을 싸잡아 비판한 부시의 '악의 축' 발언도 교수들의 집중공격의 타깃이 되었다. 제임스 턴 교수(노스캐롤라이나대-웨이크포리스트)는 "십자군과 종교재판과 청교도 탄압이 바로 이런 종류의 독선적 확신 때문에 벌어졌다"고 했다.[46] UCLA의 이란인 교수 잘릴 로샨델은 "이란이 미국을 돕고 나서 받은 보상이라곤 부시의 악의 축으로 낙인찍힌 것뿐"이라며 약자 코스프레를 했다.[47] 이란이 미국을 도왔다는 자료는 어디 가면 찾을 수 있는지?

이런 국가적 재난 앞에서조차, 감히 미국을 사랑한다는 말을 캠퍼스에서 했다간 '광신적 애국자', '미 제국주의를 신봉하는 애국적 인종차별주의자 어릿광대'라고 비판받는다. 대학에서 애국은 '우매'와 동의어다.

플로리다걸프코스트대 교직원들이 9·11 희생자를 애도하는 뜻에서 책상에 '미국인인 게 자랑스러워요'라 쓴 스티커를 붙여 놓았다. 부서장은 외국계 학생들에게 부당한 공격이 될 수 있다며, 스티커를 제거하지 않으면 파면할 수도 있다고 경고했다.

당신이 미국 국적이 있든 없든, 미국 학교에 다니는 외국계 학생이라 치자. 대학은 의무교육도 아니고 학군제도 아니므로, 당신은 어떤 이유로든 자발적으로 그 학교에 지원했을 것이다. 미국 대학에 근무하는 미국인 직원이 그 비극의 날에 '미국인인 게 자랑스럽다'고 한 것이 파면까지 들먹일 정도로 당신에게 못마땅할 일인가?

사건은 미디어에서 집중적으로 다뤄졌고, 결국 대학총장

이 나서서 명령을 취소하고 부서장을 징계했다.[48]

UC버클리는 9·11사태 1주기 추모식을 '신과 국기와 애국심'을 빼고 치르려고 계획했다. 성조기, '갓 블레스 아메리카' 배너, 그리고 미국을 상징하는 홍·백·청 삼색 리본 사용을 금지하는 내용이었다. 대학원학생회장 제시카 퀸델은 "우리의 국기는 다른 나라에 대한 미국의 침략의 상징이 되었고, 적대감을 불러일으킨다"고 이유를 설명했다.[49] 전국적으로 거센 분노가 일었고, 결국 학교측이 중재에 나서 삼색 리본만은 나누어주는 쪽으로 결론이 났다. 미국 영토이고 미국민들이 내는 세금과 등록금으로 지원을 받으면서, 성조기가 펄럭여서는 안 되는 곳, 그곳이 미국의 대학이다.

미국을 증오하는 '혐미嫌美'라면 노엄 촘스키 교수가 으뜸이다. 그는 "미국이 벌이는 테러와의 전쟁에 이유가 있다면, 나치가 유대인들을 가스로 죽인 데도 이유가 있다"고 공공연하게 말하는 사람이다.[50] 많은 교수들이 촘스키처럼 오늘의 미국과 부시 대통령을 2차대전 때의 독일과 히틀러와 똑같이 본다. 그러니 우리는 9월 11일에, 당해도 싼 일을 당했다는 것이다. 비행기에 탄 채로 증발된 남녀, 불타는 고층빌딩에서 수백 미터 아래 광장으로 떨어져 산산조각 나고 잔해에 묻혀 버린 사람들 모두, 당해도 싼 일을 당했다는 것이다.

이스라엘이 아랍 적들에게 점령당하도록 내버려 두고, 파키스탄군이 뉴델리로 걸어 들어오게 하라고 인도에 압력을 가하고, 러시아에 저항하는 체첸을 지원하면 ― 그러면 그들은 미국을 공격하지 않을까? 교수들은 미국의 외교정책을 비난할망정, 이슬람 극단주의자들은 절대로 비난하지 않는다.

교수들은 미국을 테러 국가라고 생각한다. 미국인들은 인종주의자라고 단정하고, 있지도 않은 미국인에 의한 아랍계 미국인 대상 증오범죄 소식에 귀를 쫑긋한다. 미국과 미국인의 모든 악행의 바탕에 애국심이 있다. 미국을 사랑하는 사람들은 모두 테러리스트다!

단언하건대, 이런 교수들이야말로 지성을 가장한 테러리스트들이다.

# 제8장

# 반미反美를 넘어 혐미嫌美로

## 사담의 하수인들

테러리스트를 좋아하는 교수들은 사담 후세인과 그의 이라크 정권을 사랑한다. 이들은 살인 정권을 제거하고 미국의 안보와 미국인의 이익을 보장하기 위한 2003년의 대對이라크 전쟁을 첫 날부터 반대했다. 반전反戰 배너를 들고 조지 부시를 타도하고 사담을 옹위하려는 집회에 나가도록 학생들을 부추겼다.

주디스 프랭크 교수(애머스트칼리지)는 학내 집회에서, 강의실을 '반전의 메카'로 만들겠다고 서약했다.[1] 시트러스칼리지 '말하기 106' 강좌의 로절린 칸 교수는 전쟁에 반대하는 편지를 부시 대통령에게 보내는 학생에게 가산점을 주겠다고 공언했다. 학생 몇 명이 전쟁에 찬성하는 편지를 써도 되냐고 묻자, 칸은 찬성 편지는 받지 않겠다고 말했다.[2] 브라이언 J. 폴리 교수(와이드너 로스쿨)는 "바그다드에 폭탄이 떨어져 무고한 시민들이 죽고 다치는 것을 보며, 나는 가르칠 것이다. 우리의 나라가 전쟁을 향해 치달아 갈 때 학생들이 의문을 제기하고 답을 요구할 줄 알게 되도록. 그것이 내가 할 수 있는 가장 애국적인 저항이다"[3]라는 글을 발표했다.

학생들을 의식화하는 것을 애국이라고 말하는 교수들은, 사담 후세인 정권과의 전쟁에는 아무런 도덕적 정당성이 없다고 믿는다. 부시 행정부가 이라크 정권 교체를 시도하는 데는 '불순한 동기'가 있다는 것이 이들의 주장이다. 그것은 '석유, 패권, 집안의 원수'다.

먼저, 석유. 이라크는 사우디아라비아 다음가는 세계 2위의 석유 매장량과 미개발 탄화수소 연료를 보유하고 있다. 도덕적으로나 국방 목적으로나 미국은 이라크를 공격할 명분이 없는데도, 부시는 석유를 확보하기 위해 미국인들과 죄 없는 이라크 민간인들의 피를 흘리려 한다고 교수들은 주장한다. 마이클 T. 클레어 교수는 〈네이션〉지 기고에서, "이 전쟁은 미국의 석유회사들에 수천억 달러의 이익을 보장하겠지만, 그것이 미군 병사와 이라크 민간인들의 피를 흘려 가면서까지 얻을 만한 가치가 있는가?"[4] 하고 물었다. 휴 거스터슨 교수(MIT)는 600명가량이 모인 학내 집회에 나가 이라크전쟁을 "석유, 이스라엘, 미국의 세계 지배"가 얽힌 전쟁이라고 몰아붙였다.[5] 스티븐 스미스 교수(윈스롭대)는 사우스캐롤라이나대 집회에까지 원정 나가, 환호하는 수백 명의 학생들 앞에서 외쳤다. "이라크의 주 수출품이 브로콜리였더라도 미국이 이라크를 공격했을까요? 부시가 원하는 유일한 평화(peace)는 이라크의 석유 한 방울(piece)입니다!"[6] 엘 모가지 교수(오번대)는 "미국이여, 깨어나 지켜보라! 3천억 달러가 넘는 우리의 돈이 한 판 전쟁놀음으로 날아가려는 것을. 한 방울 석유를 위해 한 사람(사담 후세인), 그리고 수천 명의 어린이와 무고한 사람들의 피가 흐르는 것을"[7]이라는 글을 대학신문에 기고했다.

오로지 석유를 위해서라면, 까칠한 사담 후세인과는 전쟁 말고 거래를 하고, 그 대신 사우디아라비아를 공격하는 것이 더 쉽고 비용과 생명도 절약하는 길이 아닐까? 그리고 정확히 언제부터 이라크전쟁이 '수천 명의 어린이와 무고한 사람들'에 대한 전쟁이 됐다는 말인가? 미군은 민간인들을 해치지 않기 위해 놀라운 조처들을 취했고, 부시 행정부는 이라크 민간인을 해치는 이라크 관리들을 처벌하겠다고 경고했다. 이것은 석유를 위한 피가 아니다. 민간인을 구출하고 미국의 안보를 지키기 위한 피다. 그러나 '미국의 자본주의적 제국주의'가 모든 분쟁의 화근이라고 주장하는 교수들에게는 사실조차 사실로 보이지 않는다.

만약 석유가 아니라면, 그렇다면 헤게모니를 장악하는 것이 이 전쟁의 목적이라고 교수들은 주장한다. 이라크전쟁은 미국의 또 하나 패권 장악이고, 제국주의 미국을 건설하려는 기도라는 것이다. 1980년대 공산주의와 싸운 로널드 레이건을 제국주의자라고 규탄한 것과 거의 판박이 논리로, 지금은 조지 W. 부시의 테러와의 전쟁을 규탄한다. 해럴드 스콧 주니어 교수(하워드대)는 이라크전쟁을 "나폴레옹이나 로마제국 쇠퇴 초기를 방불케 하는 제국주의 전쟁"이라 치부했다.[8] 리처드 포크 명예교수(프린스턴대)는 테러와의 전쟁을 "이슬람 근본주의 대 자유경제주의라는, 두 개의 근본주의적 비전의 충돌"이라고 분석했다.[9] 마이클 하트 교수(듀크대)는 이라크 정권을 교체하려는 미국의 시도를 "중동 전역의 정치질서를 재건하려는 미국의 야심찬 계획의 첫걸음에 불과하다"[10]고 일축했다. 로니 립슈츠 교수(UC샌타크루즈)가 보기에 그것은 "새로운 지정학적 시대, 바로 아메리카 제국의 도래"[11]를 의미한다.

만약 아메리카제국 수립이 목표라면, 왜 부시 행정부는 이라크에 친미 독재정권이 아니라 민주주의를 세우려고 하는 걸까? 폴 월포위츠 국방부 부장관은 이라크전쟁 막바지인 2003년 4월 6일 NBC의 주례 〈미트 더 프레스(Meet the Press)〉에 대담자로 출연해, 이라크가 민주적 선거를 통하기만 한다면 다시 이슬람 정권을 세운다 해도 미국은 반대하지 않을 것이라 천명했다. 그것이 제국이라고?

이제는 고인이 된 에드워드 사이드[1935~2003, 『오리엔탈리즘』(1978)으로 유명해진 팔레스타인 출신 미국인. 이 책에서 그는 서구인들이 중동을 보는 시각을 본질적으로 '자민족중심주의적(ethnocentric)'이라 매도하고, 중동에 대한 유일하게 편견 없는 관찰자는 아랍인이라고 주장했다.]도 '패권 음모론'의 선전 차량에 올라탔다(사실은, 앞장서기에 싫증이 나니까 내려서 밀었다고 해야 맞지만). 그는 미국의 이라크 정책을 "석유와 헤게모니 욕구에 기초한 기괴한 쇼"라며, "선거에 의해 뽑히지 않은 백악관 내 소규모 도당들이, 유대기독교의 '복수하는 전쟁신神'을 위한 싸움에 앞장섰다"고 비판했다.[12] 하지만 '복수하는 전쟁신'은, "신은 위대하다!"를 외치며 민간여객기를 몰아 고층빌딩에 돌진하는 사람들의 신에게 더 어울리는 말 아닌가?

이라크전쟁을 부시 집안의 해묵은 원한에 대한 보복, 그러니까 집안 문제로 평가절하하는 교수들도 있다. 교수들은 원래부터 '아들' 조지 W. 부시를 멍청한 사람이라고 공공연하게 말하곤 했다. 그 부시의 이라크전쟁은 1990~91년 '아버지' 조지 H. W. 부시가 벌인 미완의 이라크 침공('걸프전쟁')을 종결하는 한편, '아버지 부시' 퇴임 직후 사담 후세인이 주도한 암살 미수에 보복하려는 것이라고 이들은 말한다. 알론 벤마이어 교수(NYU)는 "저 이라크 지도자(사담 후세인)에 대한 부시의 분노에 이해가 안 가는 것은 아니나, 한 개인의 복수심이 이라크를 상대로 전쟁을 개시하는 결정에 영향을 미치리라고는 상상하지 못했다. 그런데 사담을 제거할 필요성을 말하면서 암살 기도 운운하는 것을 보니, 믿지 않으려야 않을 수 없게 되었다"면서, "부시가 전쟁을 밀어 붙이려는 데 사적인 동기가 작용하고 있다는 점에서, 우리의 동맹국들과 의회 지도자들은 전쟁에 갈수록 회의적이 되어 간다"[13]고 했다. 월트 브래시 교수(블룸버그대)는 "부시는 사담 후세인을 무너뜨려 자기 아버지가 해내지 못한 일을 완수하기 위해 2,400만 명의 이라크인 모두를 지구상에서 쓸어내려 한다"[14]고 비난했다. 2,400만 명의 이라크인이라고? 부시가 핵폭탄이라도 떨어뜨려 이라크의 모든 살아 있는 것들을 죽이려고 한다는 말인가? 스탈린, 히틀러, 마오쩌둥 같은 인종청소 범죄자들이 그렇게 한 데는 '다 이유가 있다'고 평소 생각하는 사람이 아니고서는 이런 말은 입에 담을 수도 없을 것이다.

석유, 패권, 집안의 원수 — 그 어느 것으로도 이라크전쟁의 부당함을 납득시키기 힘들다면, 또 다른 숨은 동기가 부시 행정부에게는 있을 수밖에 없다고 교수들은 생각한다. 그들은 마침내 클린턴 행정부 때 일어난 일을 거울삼아 단서를 찾아내는 데 성공했다! 클린턴은 섹스 스캔들이 터지자 관심을 돌리기 위해 아프가니스탄에 미사일을 몇 발 쏘지 않았나. 따라서 부시 행정부가 이라크와 전쟁을 수행하려는 배경에도 틀림없이 어떤 국내 문제가 있을 것이다. 그것은 다름 아닌, 국내경제 문제에 대한 관심을 딴 데로 돌려, 재선에 유리하도록 국면을 전환하기 위한 것이라는 주장이다.

스티븐 월트 교수(하버드대 케네디행정대학원장)는 바로 이런 관점에서, "타이밍은 국내 정세가 결정한다"며 부시 대통령의 전쟁 추진 '시점'을 문제 삼았다. 콘스탄틴 스필리오츠 교수(다트머스칼리지)도 이라크전쟁을 "전쟁을 구실 삼아 대통령 임기를 연장하려는 부시 전략의 제2단계"라고 맞장구 쳤다.[15] 제임스 힐티 교수(템플대)는 "테러와의 전쟁이 끝나면 사람들은 비로소 정신을 차려, 2001년에 부시가 추진한 방대한 감세 조치가 어떤 결과를 낳았는지 보게 될 것"이라 호언장담했다.[16] 찰머스 존슨(전 UC샌디에이고)은 더 차근차근한 분석을 내놓았다. "2002년 11월 중간선거가 다가오면서 공화당 지도부는 대통령과 부통령의 엔론 부패사건 연루, 증가 일로에 있는 방대한 연방예산 적자, 부자 감세의 후폭풍, 애시크로프트 법무장관 시대의 심각한 공민권 침해 같은 쟁점들이 공론화되지 않도록 필사적으로 노력했다"[17]는 것이다.

미국 경제가 부시 집권 초기인 2000년 중반에 가벼운 불황을 맞은 것은 사실이다. 하지만 부시가 이라크 공격을 언급하기 시작한 것은 그보다 1년 이상 지난 2001년, 바로 9·11 이후다. 만약 전쟁이 국내경제에 쏠린 관심을 딴 데로 돌리기 위한 것이라면, 왜 부시는 9·11 이전에는 전쟁을 추진하지 않았을까? 감세의 악영향을 국민들이 알아챌까 봐 걱정했다면, 왜 부시는 이라크전쟁 중은 물론 전쟁 후에도 추가 감세를 밀어 붙였을까? 이른바 '감세의 후폭풍'에 대해 막상 부시 자신은 아무 걱정도 하지 않는데, 부시를 반대하는 사람들이 이를 대신 걱정해 주다니 우스꽝스럽다. 그리고 결정적으로, 이라크전쟁은 중간선거로부터 4개월도 더 지나 2003년에 실행됐다!


## 암살 놀이, 인간방패론까지

이라크전쟁 진행 중인 2003년 4월 초, 민주당 대통령후보 지명자 존 F. 케리는 뉴햄프셔의 민주당 집회에서 말했다.

"지금 우리에게 필요한 것은 이라크의 사담 후세인 정권 교체뿐만 아니라, 미국에서도 정권을 갈아엎는 일입니다."[18]

당연히 우파로부터 항의의 불길이 타올랐다. 하원 여당 원내총무 톰 딜레이(공화당, 텍사스)는 이 발언을 "갈 데까지 갔다"고 평가했다.[19] 하원의장 데니 해스터트도 케리의 발언이 "이 시점에서 우리가 필요로 하는 것이 아니다"라고 논평했다.

그런데 교수들은 케리 후보보다 훨씬 오래전, 부시가 당선된 2000년 대선 직후부터 줄곧 '정권 전복'을 이야기하고 있었다. 2003년의 이라크전쟁은 대선불복과 부시 퇴진론에 기름을 부은 것뿐이다.

이라크전쟁 발발 석 달 전, 프랜시스 A. 보일 교수(일리노이대-어바나샴페인)는 "우리는 석유제국이라는 이름의 경찰국가를 원하지 않는다"면서 부시 탄핵소추안 발의를 의회에 촉구했다.[20] 전쟁 전야, 아이다 음템부(MIT 상담지원센터 부소장)는 학생, 교수, 교직원들로 구성된 광란의 반전 군중 앞에서 "이 전쟁에서 쿠데타의 냄새가 난다"면서, "부시와 그의 백악관 검둥이들"을 신랄하게 비난했다.[21] 콘돌리자 라이스와 콜린 파월을 '백악관의 검둥이'라 부르고 거기 환호하는 꼴이라니, 평소 미국과 부시 행정부를 인종주의니 소수자 차별이니 하며 비난하던 그 입에 담기엔 너무 '내로남불' 아닌가?

만약 미국이 전쟁 없이 이 세계에서 살 수 있다면? 우리는 분명히 그 길을 걸을 것이다. 그러나 때로는 우리 시민들의 안전을 보장하고 전 세계의 자유를 신장시키기 위해 전쟁이 불가피할 때가 있다. 9·11이 그것을 웅변해 주었다.

교수들만 이것을 직시하려고도, 이해하지도 않는다. 진 번스 교수(몬태나대)는 반전 집회 군중(물론 대다수가 학생인) 앞에서 "부시와 그 일당은 파시스트"라며 "미국이 독재로부터 자유롭다고 생각하면 큰일 납니다. 목소리를 내야 합니다!"라고 촉구했다.[22] 샐리 프랭크 교수(드레이크대)는 미국 헌법의 「권리장전(Bill of Rights)」 페이지를 찢어서 변기에 던져 넣으며 "언론의 자유, 시민적 자유, 이민자의 권리, 보건, 일자리가 흘러내려 가고 있습니다. 이것이 애시크로프트와 부시가 우리의 시민적 자유에 대해 한 짓입니다!"라고 부르짖는 퍼포먼스를 펼쳤다.[23]

부시 행정부의 전쟁 추진은 교수들의 주장처럼 "전적으로 비민주적"이지 않았다. 전쟁이 시작될 때는 아직 유엔의 승인이 없었는데도 미국인의 대다수가 전쟁을 지지했다. 부시 행정부는 전쟁이 임박한 2003년 2월 5일, 정보원 노출의 위험을 무릅쓰고, 콜린 파월 국무장관으로 하여금 이라크의 위반사항 증거들을 유엔에 제출하도록 결정했다.

이날 콜린 파월이 유엔에서 한 연설은 많은 찬사를 받았다. 전쟁 반대 입장인 〈뉴욕타임스〉조차 "콜린 파월 국무장관이 유엔과 세계의 TV 시청자들 앞에서, 사담 후세인이 안전보장이사회의 결의를 무시하고 있으며, 그가 가지고 있을지 모를 어떤 비재래식 무기도 공개하거나 포기할 의사가 없다는 것을 보여 주는 지금까지 가장 강력한 증거를 제시했다"[24]고 논평했을 정도다.

그러나 교수들은 요지부동이었다. 로버트 젠슨 교수(텍사스대)는 〈뉴욕타임스〉 논평과 같은 날 격월간지 〈카운터펀치〉 기고에서 "파월이 제시한 증거가 얼마나 빈약한지는 놀라울 정도다. 비록 파월의 주장이 모두 진실이라고 해도, 그가 말한 것만으로는 전쟁이 정당화되지 않는다"[25]고 주장했다.

미국이 유엔에서 외교전을 벌이고 있는 동안 교수들은 네빌 체임벌린 스타일이 마치 이상적인 외교인 양 떠벌였다. 영국 총리 재직시 히틀러에 대해 유화宥和정책으로 일관함으로써 2차대전에 자양분을 제공한 그 체임벌린 말이다. 이라크에 전운戰運이 드리우자, 스리니바스 아라바무단 교수(듀크대)는 "우리는 새로운 제국주의 대량학살의 시대에 접어들고 있다"고 말했다.[26] 히틀러나 사담 후세인보다 부시가 조금도 나을 바 없다고 생각하는 사람들이니까 할 수 있는 말이다. 길거리에 나가 아무 사람이나 붙잡고 물어보라. 대학살은 9·11이다. 쿠르드족에게 화학무기를 사용하고 시아파를 살해하는 것이 대학살이다. 사담 후세인을 권좌에서 제거하는 것은 대학살을 막는 정의로운 행동이다.

존 라일리치 교수(퍼듀대)는 "협상을 위해, 사담 후세인의 나쁜 자질은 언급하지 말라"고 부시에게 충고했다. 대對 히틀러 유화정책이 전 지구적 대재앙이라는 거대한 실패로 끝났다는 사실을 그는 잊은 것일까? "히틀러처럼 악한 사람도 어디까지나 인간이다. 인간은 협상의 대상이다. 이기는 전쟁보다 협상을 통해 더 큰 승자가 될 수 있다. 이 사태를 전쟁 없이 해결할 수 있다면 부시는 노벨평화상을 받을 것이다."[27] 노벨평화상이라고! 협상이라는 쇼맨십으로 지미 카터 대통령은 노벨평화상을 받았지만, 카터의 접근은 평화를 가져오는 데 눈곱만큼도 기여하지 못했다는 것을 역사는 말해 준다. 카터가 협상으로 못 이룬 평화를 부시는 힘으로 쟁취했다. 그런데, 노벨상은?

교수들은 지미 카터의 고전적인 구호를 되풀이했다. "이것은 정당한 전쟁(just war)이 아니다!" 마조리 콘 교수(샌디에이고 토머스제퍼슨로스쿨)는 전쟁 전부터 "이라크에 대한 선제공격에는 법적 정당성이 없다"[28]고 경고했다.

실제 미국은 유엔으로부터 이라크에 대한 무력 사용 승

인을 얻어내는 데 실패했다. 프랑스와 러시아가 거부권을 행사하겠다고 예고함에 따라, 무력 사용 승인을 요청하는 제2차 결의안을 미국이 자진 철회하고 독자적 군사행동에 나선 것이다. 발라크리슈난 라자고팔 교수(MIT)는 "미국이 방금 국제법과 우리 자신의 법을 쓰레기통에 처넣었다"[29]며 발끈했다.

법적 근거에서는 그들이 옳을지 모른다. 그러나 도덕적 근거에서는 그들이 크게 틀렸다. 이라크 국민을 잔인한 폭정으로부터 해방하고, 그 지역을 민주화하고, 미국의 안보를 보장하는 것보다 더 도덕적인 목표는 없다. 우리에게는 유엔 결의보다 더 높은 도덕적 의무가 있었다. 프랑스가 결의를 계속 방해한다면, 유엔을 무시하는 것도 당시로서는 우리의 의무였다.

그러나 교수들은 이런 토론에 나설 의사가 없어 보였다. 스콧 캐웰티 교수(노던아이오와대)는 '유럽적 감성'을 들먹이며, "미국인보다 현실의 전쟁을 더 잘 아는 유럽인들은 우리 대통령을, 악과 싸우느라 여념 없는 카우보이 슈퍼히어로처럼 보고 있다"[30]고 빈정댔다.

말 한번 잘했다. 그렇다, 유럽인들은 '현실의 전쟁'을 생생하게 기억하고 있다. 유럽이 전쟁에 휩쓸릴 때마다 우리가 가서 구해 주어야 했다는 것을. '카우보이 슈퍼히어로'

미국이 아니었던들 지금 유럽 거의 모든 나라가 독일어를 쓰고 있으리라는 것을.

노골적인 반역으로까지 나아간 교수들도 있다. 모든 사람은 수정헌법 제1조에 따라 공개적으로 의견을 말할 권리가 있다. 미국의 적에게 도움이 되는 발언조차 허용되는 것이 미국 민주주의의 포용력인데, 이들은 이 포용력을 반민주적인 정권을 옹호하는 데 남용하고 있다.

교수들은 미국의 군사력으로부터 사담의 자산을 보호하기 위해 수백 명의 서방 민간인을 파견하는 '인간 방패'를 제안했다. 9·11을 일으킨 테러리스트들보다 나을 것 하나 없는 독재자를 위해 민간인 인간 방패라니! 헬렌 칼디콧(전하버드대)은 심지어 교황 요한 바오로 2세에게 "바그다드로 가서 '궁극의 인간 방패'가 되라"고 호소하는 편지까지 썼다니,[31] 말 다했다.

그런가 하면, 이라크전쟁에 참전한 젊은이들에게는 항명을 사실상 촉구했다. 어윈 체머린스키 교수(서던캘리포니아대)는 전쟁 개시 6일 뒤 휴 휴잇의 라디오 토크쇼에서, 한 반전 집회에 걸린 "병사들이여, 장교를 사살하고 참전을 거부하라"라고 쓴 플래카드에 대한 논평을 거부했다.[32]

그리고 마침내, 대통령 암살 편지 소동.

전쟁이 끝난 2003년 여름, 샌타로사 주니어칼리지의 마이클 발루 교수가 학생들에게 "'대통령을 죽이자'라는 구절이 포함된 이메일 메시지 작성'을 과제로 냈다. 한 학생이 그 이메일을 정말로 마이크 톰슨 하원의원(캘리포니아, 민주당)에게 발송했고, 어떤 학생은 부모에게 이야기했다. 당장 FBI와 비밀경호국 요원이 학교를 찾아왔다. 발루는 수정헌법 제1조의 방패 뒤에 숨어서 "'대통령을 죽이자'는 반드시 부시 아닌 다른 대통령을 의미할 수 있다"고 발뺌했다.

엄청난 파장을 부를 뻔한 '전공 외적 발언'을 한 교수를 학교는 파면하지 않았다. 사실은, 이 대학 교수협의회 의장으로 막 취임 예정이던 재닛 맥컬로의 입김이었다. 맥컬로는 "교수는 강의실에서 마음대로 발언할 권리가 있다"면서, "다만, 그 자유의 행사가 학생들의 장래를 망칠 정도여서는 안 된다"고 논평했다.[33] 한 달 뒤 발루는 "투표하지 않는 60퍼센트의 미국인은 나를 단죄하지 않을 것이다. 그들에게 대통령과 대통령직은 이미 죽은 것이나 마찬가지이므로"라고 말했다.[34] 자, 이래도 발루가 죽이자는 대통령이 '반드시 부시 아닌' 어느 대통령인지 물어봐야 하나?

가장 노골적인 반역의 사례는 니콜라스 드 제노바 교수(컬럼비아대)다. 그는 토론회에서 학생들에게 "이라크전쟁이 범죄라는 것을 진정으로 믿는다면, 우리는 이라크 인민의 승리와 전쟁기계 미국의 패배를 믿어야 한다"면서, "단 하나 진정한 영웅은, 미군을 무찌르는 길을 찾아 주는 사람이다. 개인적으로 나는 백만 명의 모가디슈인을 만나고 싶다"고 말했다.[35] 모가디슈란, 미군 18명이 희생된 1993년의 '모가디슈 전투'다. 드 제노바는 그 백만 배인 1,800만 미국인의 죽음을 요구하는 것이다! 드 제노바에게 그토록 경멸하는 이 나라를 떠날 편도항공권을!

전쟁에 반대하는 것은 있을 수 있다. 그러나 미국 대통령을 또 하나의 히틀러로 악마시하고, 학생들에게 대통령을 암살할 생각을 해 보라고 말하고, 미군 병사의 떼죽음을 기원하는 것은 비애국을 넘어 반역이다. 니콜라스 드 제노바 교수가 '진실의 순간'에 이를 고백했다.

"평화는 애국적이지 않다. 평화는 전복적이다. 평화는 우리가 살고 있는 것과는 아주 다른 세계, 미국이 설 자리가 더 이상 없는 세계를 기대하기 때문이다."[36]

문제는, 이런 반역적 인사들이 거의 무제한의 표현의 자유를 누리는 데 반해, 그들과 다른 의견을 가진 사람들의 비판은 억압당하고 있다는 것이다. '반전에 반대'하는 우리도 당신네 '평화주의자'들과 동등한 언론의 자유가 있다. 테러와의 전쟁을 지지하는 사람들도, 반전주의자들을 비판하는 데 그 권리를 행사할 수 있어야 하지 않는가?

## 끝나지 않은 전쟁

사담 후세인의 몰락에 이라크인들은 환호했다. 집단매장지들이 발견되고, 후세인의 감옥들에서 아이들이 석방됐다 [이라크전쟁은 2003년 3월 20일부터 4월 14일까지 전개되었다. 사담 후세인은 종전 8개월 후인 2003년 12월 미군에 체포되어, 이라크 법정에서 유죄판결을 받고 2006년 12월 사형이 집행되었다].

이라크에서 주요 군사작전이 끝난 후, 3,200명의 교수들로 구성된 UCLA 교수평의회는 이 전쟁과 관련해 성명을 내기로 결의했다. 전쟁을 규탄하는 결의안이 의제로 올랐다. 부시의 '예방적 전쟁'을 규탄하고, 이라크 내 미국 '보호령' 설치에 반대하며, '법의 지배와 유엔을 통한 국제분쟁 해결'을 지지하며, 전후 이라크를 유엔 관할 아래 둘 것을 요구하는 것이 골자였다. 196명이 투표했는데, 의사정족수가 200명이었으므로, 간발의 차이로 회의 자체가 개회될 수 없었다. 그런데도 결의안은 찬성 180, 반대 7, 기권 9명으로 통과되었다. 이것이 좌파들이 세상을 끌고가려는 방식이다. 나의 목적을 위해서는 절차 따위는 아랑곳하지 않는.

그리고 평의회는 애당초 이런 문제를 다루는 기구도 아

니다. 평의회의 목적은 교과과정, 학사 표준, 정교수직 등의 문제를 다루는 것이다. 그러나 교수들의 생각은 달랐다. 나는 결의안에 찬성표를 던진 평의회의원 카롤리 홀처 교수를 인터뷰했다.

"이것은 정치적 성명으로서, 평의회의 권한을 벗어난 것 아닌가요?"

"이것은 정치적 성명이 아닙니다. 모든 사람이 믿고 있는 인간의 가치 같은 것에 관한 것입니다. 모든 성공적인 스승들이 진정으로 제자들에게 보여 주고 싶은 한 가지 본보기입니다."

"선생님을 포함한 여러 교수님들이 강의실에서도 같은 의견을 피력할까요?"

"그러기를 진심으로 바랍니다."

그렇게 세뇌는 강의실에서 지금도 계속된다. 학생들은 매일같이 미국은 수렁에 빠졌고, 이라크 재건은 실패이며, 이라크 국민은 속고 있다는 등의 얘기를 수업에서 듣는다. 전쟁은 끝났지만, 대학에서는 끝나지 않았다.

## 교수들이 졌다

이라크전쟁에 관한 학생들의 의견에는 교수들이 상당한 영향을 미쳤다. 미국 전역에서 반전 시위가 벌어지고, 수십만 명의 대학생이 참여했다. NYU에서는 1,200명의 학생이 전쟁에 반대해 동맹휴업에 들어갔다. UC버클리에서는 1,500명의 학생이 스프라울 플라자에 모여 바그다드대를 자매학교로 선포할 것을 요구했다. NYU와 버클리 모두 〈마더 존스(Mother Jones)〉의 '운동권 대학 톱 10'에 선정되었다.[37]

그러나 대학생들은 온전히 세뇌당하지 않았다. 예일과 버클리 같은 학교들에서, 교수들의 압도적인 다수는 이라크전쟁 반대라고 교수들은 주장한다. 그러나 〈예일데일리뉴스〉의 조사 결과 학생들은 전쟁 반대와 찬성이 반반으로 갈려 있었다.

다른 대학들도 사정은 크게 다르지 않았다. 애머스트대 진보학생협회가, 교수들에게 수업 때 15분 동안 이라크전쟁에 관해 토론을 진행하도록 학생회 명의로 요청해 줄 것을 학생회에 건의했다. 학생회는 거절했다. 이 학교 식당에서 교수 40명이 반전反戰 행진을 했지만 학생들의 반응은 매우 회의적이었고, 한 학생은 교수에게 손찌검까지 했다. 교수들은 격노했다. 마사 색스턴 교수(애머스트칼리지)는 〈뉴욕타임스〉 인터뷰에서 학생들의 반전운동 참여가 지지부진한 데 대해 실망을 감추지 않으면서 "우리 교수들은 악역을 담당하기를 기꺼이 감당하고서 성명까지 냈는데, 학생들을 가르친 보람이 없다"고 개탄했다.

위스콘신대-매디슨 학생들도 스승들을 실망시키고 있나 보다. 이 대학 오스틴 사라트 교수는 "왕년의 매디슨에서는 정치토론이 소시지만큼 흔했고, 최루가스를 마시면 무언가 고상한 느낌마저 들었는데, 지금은 최루탄이 난무하는 집회가 없다. 식당에 들어가서 전단지 나눠주는 정도?"라며 푸념했다. 배리 오코넬 교수도 "학생들이 내 의견에 동의하도록 만드는 것이 내 임무는 아니라지만, 아무리 그래도 학생들이 하는 이야기를 듣다 보면 그냥 억장이 무너져 내리는 순간들이 있다"고 토로했다.[38]

아닙니다, 교수님들. 억장이 무너지기는커녕, 미국의 청년들에게 아직 희망이 있다는 증거네요.

희망은 있다. 교수들이 졌다.

# 제9장

# 막장 대학신문과 동아리들


## 대학신문은 빨간 잉크로

대학생들의 견해에 영향을 끼치는 것은 교수들만이 아니다. 이미 세뇌된 학생들이 장악한 학내언론과 동아리들도 상당한 영향력을 행사한다.

미 전역 대학신문의 학생독자는 수십만에 이른다. 〈UCLA 데일리브루인〉만 하더라도 하루에 캠퍼스 안팎 1만 6천 명의 독자에게 전달되는 일간신문이다.

대부분의 대학 등록금에는 '학내 미디어 수신/구독료' 항목이 들어 있다. 예를 들어 UCLA에서 나는 학내 흑인 잡지 〈노모(Nommo)〉의 편집방침에 동의하지 않는데도 내 등록금이 〈노모〉로 간다.

대학신문은 유익하고 흥미 있는 정보원源이기도 하고, 의식화된 학생집단의 마음을 들여다보는 창문이 되기도 한다. 학생들은 보고, 느끼고, 경험하고, 생각하는 것들을 학내언론을 통해 표출한다. 그리고 그 거의 모든 것이 왼쪽으로 편향되어 있다.

〈UCLA 데일리브루인〉은 원래부터 '마르크스님의 좌편'에 확고하게 자리 잡고 있었다. 옛 소련공산당 기관지 〈프라우다〉도 〈브루인〉 앞에서는 명함도 못 내밀 것이다.

〈브루인〉은 미국 최초로 대 이스라엘 투자 회수를 주장한 대학신문이다. 이 신문의 사설은 이스라엘을 남아프리카, 미얀마와 비교하면서, "이런 이스라엘에 대해 UC가 할 일은 명약관화하여 의문의 여지가 있을 수 없다. 즉시 투자를 회수해야 한다"[1]고 썼다. 테러와의 전쟁에도 당연히 전면 반대다. "모호한 목표와 불확실한 동기를 가진 군사작전을 위해 우리의 동료들과 사랑하는 사람들을 희생시킬 가치가 있는가? Y세대[베이비붐 세대의 자녀에 해당하는 1982~2000년 출생 세대]가 전폭적으로 '예스'라고 대답하지 않는 한 테러와의 전쟁은 한 걸음도 더 나아가서는 안 될 것이다."[2]

〈브루인〉은 버클리 영문과의 '팔레스타인 저항시(영어 R1A)' 과목을 옹호했다. UC 통합총장 리처드 앳킨슨이 과목의 편향성을 지적하며 강의개요를 고칠 것을 요구하자 〈브루인〉 논설진은 "대학의 기초는 민감한 주제에서조차 새로운 통찰을 장려하는 것이며, 이사회든 총장이든 특정 교과목의 강의개요 결정에 개입할 수 없다"[3]며 총장을 규탄했다.

인종 카드는 〈브루인〉의 단골 메뉴다. 2002~03학년도 UCLA 학부총학생회장 데이비드 달이 4명의 분과위원을 지명한 데 대해 총학 임원회가 이들의 피부색을 문제 삼아 (4명 모두 백인이었다) 임명을 거부하자, 〈브루인〉은 즉시 "다양성 결여를 이유로 4명의 법무분과위원 임명을 거부한 임원회의 결정이 옳다. 다양한 민족과 배경을 고려하지 않은 달의 과오다"[4]라며 반기고 나섰다.

소수자우대정책을 열렬히 지지하는 〈브루인〉은 입학지원서의 인종 체크박스를 없애는 '블라인드 전형'에 기를 쓰고 반대한다. "블라인드 전형은 인종을 이유로 자행되는 우리 사회의 불평등을 비밀에 부치는 작태다. 소수자들은 계속 유리천장에 머리를 부딪칠 것이고, 사형이 확정되고 집행되기 전 수감자의 60퍼센트를 차지할 것이며, 이 경쟁적인 UC 캠퍼스에서 미미한 비중만을 차지할 것이다."[5] 그러니까, 사형수도 다양성을 고려하여 배분하라는 말인가?

〈데일리브루인〉만이 아니다. 전국의 대학신문들을 모아서 힐끗 훑어만 봐도, 좌파의 정치선전으로 도배한 것이 〈브루인〉보다 더하면 더했지 못하지 않다는 것을 알 수 있다.

무작위로 아무 날이나, 아무 대학신문이나 집어 보아도 일관된 리버럴 편향을 발견할 수 있다. 다음은 2002년 10월 1~2일자 신문에서 고른 것이다. 부시 행정부가 이라크에 대한 군사작전을 적극적으로 검토하던 때다.

"부시 행정부가 추진하는 대 이라크 전쟁은 잘못된 생각이다. 그것은 빈약한 가정, 천박한 수사, 그리고 무모한 명예욕에 기반을 두고 있다. (…) 부시 대통령의 계획은 실수다. 미국은 이라크와 전쟁을 해서는 안 된다"(〈컬럼비아 스펙테이터〉, 10월 1일자).

"느닷없는 이라크 전쟁 논의는 국민에 대한 정부의 관심이 절실한 시기에 그 관심을 딴 곳으로 돌려 버린다. (…) 석유에 대한 부시의 개인적 이해관계가 미국을 전쟁에 내모는 것으로 귀결되어서는 안 된다"(2일자).

("민주당이 국가안보에 무관심하다"고 한 부시 대통령의 발언을 맹비난한 톰 대슐 상원의원을 칭찬하며) "정당한 분노의 표출이다. 대슐은 부시를 비롯한 공화당원들이 테러와의 전쟁을 정치적 이득을 위해 이용하고 있다고 비난하면서, 부시의 우스꽝스러운 주장을 반박했다. (…) 대슐의 연설은 민주당이 실제로 야당답게 행동하기 시작하고, 대슐이 야당의 지도자다워지고 있다는 반가운 징후다. 표면화되는 부시

의 선제공격 구상에 대해 절실하게 필요한 비판을 제공하는 것이 야당의 책무다"(〈하버드 크림슨〉, 1일자).

(미군의 공식적인 동성애 금지정책 표어인 '묻지 말고, 말하지 말라'를 비판하며) "군 모병관이 이번 달 우리 캠퍼스에 오면 본지는 로스쿨 학생 및 교수들이 면담 신청을 내 할리데이인 호텔의 스위트를 가득 메우고, 지난달 하버드 학생들이 한 그대로 해 줄 것을 촉구한다. 군 보직과 처우를 '묻지 말고', 평등권을 '말하라'"(〈예일유니버시티 데일리뉴스〉, 2일자).

보스턴칼리지 대학신문 〈더 하이츠(The Heights)〉 사설은 모처럼 이라크 문제에서 잠깐 비켜나, 동성애에 대한 대학 본부의 "편협한" 인식을 비난했다.

"우리는 사람들이 성적 지향을 이유로 차별로부터 보호받지 못하는 공동체의 구성원들로 전락했다. LGBT에 대한 행정 지원을 거부하는 공동체, 다르다는 이유로 사람을 차별한다는 오명을 뒤집어쓴 공동체의 구성원들로"(10월 1일자).

골수 좌파 주州의 학교들만 골라서 인용하고 있는 것처럼 보일지도 모르겠지만, 같은 10월 1~2일, 보수적인 주들의 대학신문 사설에서 무작위로 뽑은 샘플도 다를 바 없다. 캔자스주는 2000년 대선에서 61퍼센트가 부시에게 투표했다. 캔자스대 〈데일리캔잔〉 사설은 학교에 소수자 학생이 '아직도' 부족하다고 떼를 썼다.[6] 진실은, 2001~02년 사이 이 학교의 소수자 학생이 12퍼센트 증가했다. 부시 지지율 64퍼센트인 몬태나주의 〈몬태나대 카이민(Kaimin)〉 사설은 교내 공간 입찰에 참여한 대기업들을 비난했다.[7] 부시 지지율 71퍼센트인 아이다호주의 〈아이다호주립대 벵골(Bengal)〉 사설은 부시의 이라크 공격 계획을 비난했다.[8] 부시 지지율 72퍼센트인 유타주의 〈유타대 크로니클〉 사설은 비효율적인 재활용 프로그램에 더 돈을 쏟아 부을 것을 학교측에 요구했다.[9]

대학신문들의 이념 지형이 이렇다 보니, 보수적인 글을 싣는 대안적 학내언론이 학생 범죄의 표적이 되기도 한다. 2001년 10월 24일, UC버클리의 아인랜드연구소가 이 학교 〈데일리캘리포니안〉에 '테러 후원국을 끝장내자' 광고를 내자, 학생들이 신문 1천 부를 절취해 갔다. 신문을 훔쳐 간 학생들은 쾌걸 조로라도 되는 듯 쪽지를 남겼다. "우리는 증오와 인종주의를 공고화하려는 〈데일리 캘리포니안〉의 조직적인 책동이 계속되는 한, 정상적인 운영을 하도록 내버려두지 않을 것이다. 시범으로 오늘자 신문을 가져간다."

버클리에서 신문 절취 사건은 이전에도 여덟 건이나 있었지만, UC 파견 경찰인 키스톤 파출소는 한 건도 범인을 잡지 못했다.[10]

결국 학생들은 한쪽의 이야기에만 지속적으로 노출될 수밖에 없다. 그렇게 학생 한 명이 대학에 입학할 때마다 의식화되는 미국인도 한 명씩 늘어난다.

## 동아리에도 금수저가

학생단체는 캠퍼스의 로비스트들이다. 선전 팜플렛을 인쇄하고, 집회를 열고, 목표를 관철하기 위해 우는 소리를 하고, 좋은 말로 안 되면 고함 치고 싸운다. 아프리카계 학생단체들(ASU와 ASA), 게이레즈비언협회(GALA), 아스틀란 치카노 학생운동(MEChA), 무슬림학생협회(MSA), 그리고 그들이 발행하는 간행물인 〈노모(Nommo)〉, 〈텐퍼센트(TenPercent)〉, 〈LA 아스틀란 민중〉, 〈알 탈리브〉 같은 매체들은 모두 그 과격한 의제를 퍼뜨리는 공로로 학생들의 등록금에서 예산을 지원받는다.

UCLA에서 동아리 지원금은 균등하게, 또는 회원 수 비례에 따라 분배되지 않는다. 동아리 지원금 중에서도 '기초예산' 항목은 원래는 회원 수 비례로 배정하게 되어 있었다. 유대인학생연맹(JSU)의 회원 규모는 무슬림학생협회(MSA)와 비슷한데도, 2001~02학년도에 MSA는 기초예산으로 5,200여 달러를 지원 받은 데 반해 JSU는 고작 1,243달러를 받았다. 아프리카학생연맹 7,800달러, 게이레즈비언협회 2,600달러, MEChA 7,600달러와 비교해 보라. 회원 수 비례대로가 아님이 드러난다.[11]

가이드라인이 있는 기초예산조차 이 정도이니, 기타 항목은 말할 것도 없다. 이런 차이는, 어떤 인물이 학생회를 장악했느냐에 따른 것이다. 2001~02학년도 학생단체협의회(USAC)의 감사 모하메드 메르타반은 "우리는 53년간의 억압[이스라엘이 건국한 1948년부터]을 겪어 보지 못했으므로 자살폭탄공격을 규탄할 처지가 못 된다"고 말하는 인물이다.[12] 그가 감사로 있던 2001~02학년도에 MSA가 '행사지원비'만 1만 2천여 달러를 지원받은 것은 우연이 아니다. 그해 JSU는 행사지원비를 한 푼도 받지 못했다.[13]

전반적으로 JSU가 지원금 문제에서 가장 손해를 많이 보는 편이다. 가장 보수적인 동아리이기 때문이다. 2003~04학년도에 기초예산 배정 기준이 '회원 수'에서 회원 수 유지와 범위로 환산한 '포인트 시스템'으로 바뀌었지만, JSU는 여전히 가장 적은 액수를 배정받았다. 결국 JSU는 학부

총학생회 법무위원회에 소청을 냈다.[14]

돈줄은 가장 급진적인 동아리들 위주로 계속 흘러들어가고, 등록금을 내는 사람들은 그것을 저지할 수 없다. 지금부터 차례로 보게 되듯, 이들 동아리가 내세우는 구호는 섬뜩하기까지 하다.


## 〈텐퍼센트〉와 퀴어

게이레즈비언협회(GALA)는 전국적 지부망을 갖춘 동아리다. UCLA에서는 흔히 '퀴어연대'로 자칭한다.[15]

오번대 GALA 강령은 "게이, 레즈비언, 양성애, 트랜스젠더(LGBT) 및 이들의 친구와 지원자들을 지원하고 (…) 캠퍼스와 공동체를 상대로 LGBT 문제를 교육하며 (…) 성적 지향에 기반한 편견으로부터 자유로운 환경을 캠퍼스와 공동체 내에 수립하는 것"[16]을 목표로 선언한다. 이론상으로는 무해한 것 같지만, 실제는 훨씬 더 과격해서, 동성애에 대한 '관용'을 넘어 '수용'까지 추구한다. 동성애를 수용하지 않으면 '호모포비아'로 낙인찍는 것이다.

퀴어 동아리들이 연대하여 추진하는 의제 하나가, 대학에서 ROTC를 몰아내는 것이다. '묻지 말고, 말하지 말라'

라는 군내 동성애 금지정책이 이유다. 이 때문에 하버드대에서 ROTC가 퇴출되고,[17] 예일, 브라운, 스탠퍼드, 컬럼비아대가 뒤를 따랐다.[18]

GALA의 가장 유명한 행사는 학생과 교수들이 '게이의 긍지'를 과시하는 '전국 커밍아웃 주간'이다. 이들은 대학 신문 광고에 캠퍼스 내 게이 명단을 게재하는 비용을 후원하고, 캠퍼스를 동성애 선전구호로 도배한다. UCLA에서는 웨스트우드 대로에 행사 현수막이 내걸린다.

대학이 승인하고 예산을 지원하는 〈텐퍼센트〉 같은 잡지들에 실리는 캠퍼스 게이들의 모습은 상상을 초월한다. "모든 게이 남성에게는 개잡년이 돼 보고 싶다는 은밀한 환상이 있다",[19] "어두운 방에서는 누구라도 당신의 보이프렌드가 될 수 있다"[20]….

노스캐롤라이나대-윌밍턴(UNCW)의 한 게이 학생단체가 자기네 잡지 〈퀴어노트〉를 학생회관 게시판에 붙여 놓았다. 표지에는 벌거벗은 한 남자가 다른 벌거벗은 남자 뒤에 서서 성기를 만지고 있는 음란 사진이 있었다. 칼럼니스트인 이 학교 마이크 애덤스 교수는 "얼굴 표정으로 보아 뒤의 남자가 앞의 남자에게 항문성교를 하는 모습이었다"[21]고 한다. 〈퀴어노트〉는 〈텐퍼센트〉처럼 등록금에서 재정지원을 받는, UNCW가 천명하는 '다양성 활동'의 일부다. 그러나 만약 복음주의 기독교 선전책자를 학생회관에 게시했다면 무사히 넘어갔을까?

미시간주립대의 〈Q*뉴스〉도 동성애 학생신문이다. 다음은 여기 실린 제니퍼 던[이름은 여성이지만, 글의 내용상 남성 필자임]의 '낭만적 사랑을 다시 생각한다'라는 제목의 칼럼 일부다.

나는 내가 알고 있는 모든 것이 나를 파멸시키기를 갈망한다. 바로 이 죽음에 대한 동경이야말로 남성우월주의의 가장 강력한 무기다. 내가 남자에게 매달리는 것은, 마치 내가 존재하지 않는 듯한 느낌에 가장 가까이 다가가는 지점이 바로 이 낭만적인 관계(나 상호작용)이기 때문이다. 남자들은 폭력과 강간으로 내 안에 고통을 만들어 내고, 그러면 나는 그들에게 달려가 그것을 씻어 내 달라고 애원한다.

그러고 나서 "이성애 전통을 카피하거나 그에 굴복하지 말 것"을 모든 이에게 촉구한다.[22]

전투적인 퀴어 동아리들은 '이성애 전통'을 경멸하는 것은 기본이고, 성생활이 난잡하지 않은 것은 동성애에 대한 모욕이라고 여기는 것 같다.

## 무슬림과 〈알 탈리브〉

학내 동아리들 중 가장 극단주의적인 단체는 아마 무슬림학생협회(MSA)일 것이다. MSA는 오랫동안 테러단체에 자금을 지원해 왔다. 2001년 12월 22일 AP통신은 대학 내 무슬림 학생조직이 테러리스트들과의 연관을 이유로 미국 정부가 자산을 동결시킨 단체를 위해 공개적으로 모금을 했다고 보도했다. "MSA의 전국위원장 알타프 후사인은 9·11의 테러리스트 연관 의혹을 '뻥튀기'라 일축하고, 모금한 돈을 추적할 테면 해 보라고 말했다."[23]

MSA는 즉시 흔적을 덮고, 이를 보도한 AP통신을 비난했다. 후사인은 "기사가 말의 원래 맥락을 벗어났다"는 판에 박은 해명과 함께, "이슬람과 미국의 무슬림들에게 적대적인 분위기를 조성하는 무책임한 저널리즘의 본보기"라고 역공했다."[24]

이들은 '흡혈귀 유대인' 신화도 공개적으로 유포한다. 유대인들은 최고 명절인 유월절(Passover)에 효모를 넣지 않고 구운 무교병無酵餠(맛초matzo)을 먹는 풍습이 있는데, 이 무교병에 비유대인 어린이들의 피를 넣는다는 악의적 비방이 예전부터 있어 왔다. 요즘 MSA는 '메이드 인 이스라엘' 수프 통조림 사진을 캠퍼스에 붙인다. 팔레스타인 아기 사진

이 큼직하게 들어간.[25]

MSA의 선전 팸플릿에서 테러집단들은 자선단체로 미화된다. 테러단체 히즈불라(헤즈볼라)는 '중동의 구세군'으로 묘사된다. "히즈불라는 일차적 목표인 '이스라엘의 확장 저지' 외에, 광범위한 사회복지사업을 운영한다. 병원, 고등교육기관, 연구소, 고아원과 장애인복지회관을 세우고, 젊은 부부에게 재정지원을 제공한다. 히즈불라의 인도적 지원은 종파나 종교에 관계없이 지역사회 모든 주민들에게 열려 있다."[26]

9·11사태 1주기에 MSA는 성명을 내고, "부시 행정부와 존 애시크로프트 휘하의 법무부가 9·11 이후 지속적으로 자행하고 있는 민권 침해와, 곧 닥쳐올 부시 행정부의 일방적이고 부당한 이라크 전쟁"을 규탄했다. 무슬림 테러에 쏟아진 전 세계의 관심을 딴 데로 쏠리게 하기 위해 그들은 부시 행정부가 "재정 흑자 축소, 교육 및 복지 개혁, 빈곤과 무주택과의 전쟁 등 국내문제로 관심을 되돌려야 할 것"[27]이라고 주장했다.

UCLA의 무슬림 뉴스잡지 〈알 탈리브(Al-Talib)〉는 공공연히 테러를 지지하고 미국을 증오한다. 잡지 대표자 무스타파 마흐붑은 테러 후원 조직들 광고의 게재 중단 요구를 거부했다. 문제의 조직들이 불법단체로 지정되고 한 달이 지났는데도 "거명된 조직들이 법정에서 유죄판결을 받기 전까지는 계속 광고를 싣겠다"고 버텼다.[28] 명백히 연방 반테러법 위반으로, 추방까지 당할 수 있는 범죄다. 아직까지 미국 정부는 이 학생들을 건드리지 않고 있다.

다음은 〈알 탈리브〉 기사를 추려 본 것이다.

"인종과 인종주의는 미국 사회와 미국인 집단심리의 바로 근저에 뿌리박고 있다. (…) 미국에서 유색인들은 미국에서 특별대우나 특권을 누려 본 일이 없다. 오히려 그들은 미국의 손에 의해 인류사상 최악으로 꼽힐 처우를 받아 왔다."[29]

(사진 두 장을 보여 주며) "두 명의 저명한 무슬림 활동가입니다. 〈알 탈리브〉 차기 발행인으로 적합한 사람은?" (사진 하나는 현 발행인 무스타파 마흐붑, 다른 하나는 오사마 빈 라덴)[30]

"미국은 자기 땅 위에서 죽음과 파괴를 경험한 일이 거의 없다. 투쟁하는 팔레스타인인들, 굶주리는 이라크인들, 착취당하는 콜롬비아인들이 매일같이 무고한 생명을 수도 없이 탈취당하는 것을 전 세계가 슬퍼하는 동안, 미국은 눈물 한 방울 샐 틈 없고 가슴이 찢어져도 끄떡없는 장벽을 구축해 놓았다. (…) 미국은 아프가니스탄에 들어가 다시 한 번 무고한 생명들을 세계로부터 앗아가려 히고 있다. 죽음의 그림자가 바야흐로 아프간에 드리우고 있다."[31]

"'왜 무슬림(신자)의 범행을 이유로 이슬람(종교)이 비판받는가?' 하고 물어보는 사람은 이제껏 거의 없었다. '지저스 크라이스트호'라는 배가 서아프리카에서 무슬림 노예를 가득 싣고 대양을 항해하던 시절, 그것을 사법처리할 생각을 한 사람이 있었던가? 왜 '이스라엘'의 국가 테러에 대해 '유대교'가 책임지라고는 하지 않는가?"[32]

"팔레스타인인들, 사담 후세인, 오사마 빈 라덴에 이르기까지, 세계가 앞다퉈 이들을 비난하기에 여념이 없는 가운데, 무슬림들은 9월 11일 세계무역센터와 펜타곤 공격의 배후에는 이스라엘의 모사드나 미국 CIA, 그리고 어쩌면 인도가 있을지 모른다는 의심을 품게 되었다. 상황 자체가 모호하여 분명하지 않다."[33]

"9·11의 여파로 초점은 온통 미국 내 무슬림 공동체에 쏠렸다. 매카시 시대에 '공산주의자'가 그랬듯 우리는 그칠 줄 모르는 마녀사냥의 명백한 희생자가 되어 버렸다."[34]

섬뜩한 것은, 미국과 캐나다에만 500개 넘는 무슬림 학생 조직과 10만 명 이상의 후원자가 있다는 사실이다.

그 밖에 미국 대학의 양대 아프리카계 학생 동아리인 아

프리카학생연맹(ASU)과 아프리카학생협회(ASA) 및 UCLA
의 흑인 연합잡지 〈노모〉[35], 멕시코계 전국 동아리인 아스
틀라 치카노 학생운동(MEChA)과 UCLA의 〈LA 아스틀란
민중〉[36] 등이 이런 증오와 분리와 반 미국적 가치를 퍼뜨리
는 주범들이다.


## 미국은 더 이상 용광로가 아니다

이 모든 집단들이 '차별'과 '불평등한 처우'를 비난한다.
그러면서, 자기네만 따로 모여 졸업식을 하는 지경까지 이
르렀다.

샌프란시스코주립대에서는 치카노와 흑인들이 별도의
졸업식을 가진 지 오래다. 치카노 졸업식은 MEChA가 주
관한다.[37]

텍사스대에서는 아메리칸인디언, 흑인, 라티노 학생들이
저들끼리 졸업식을 따로 연다. UC샌타크루즈에는 LGBT
졸업식이 따로 있다.[38]

미시간주립대에는 흑인 학생들의 졸업식이 따로 있다.
미시간대는 흑인, 라티노, 아메리칸인디언, 유대인 학생들
을 위해 각 집단의 '풍습'을 반영한 졸업식을 열어 준다. 미

시간대 존 매틀록 부처장은 "만약 폴란드나 헝가리 학생들이 자기네 문화를 기념하기 위해 뭔가 하고 싶다고 하면, 똑같이 해 줄 것"이라며 "이것이 우리의 다문화 캠퍼스를 반영하는 것이며, 대단히 건강한 것"이라고 한다."[39]

별도 졸업식의 성지는 이번에도 UCLA다. '라벤더 졸업식'이라 하여 동성애 학생들의 졸업식이 따로 있고, 학사모에 늘어뜨리는 술(tassel)은 무지개색이다. 라티노, 흑인, 필리핀계, 아시아태평양 제도 출신, 이란인, 아메리칸인디안 졸업식도 따로 있다.[40]

자기들만의 졸업식이 따로 없는 것은 이성애, 백인, 남학생뿐이다. 그러나 이들도 자기들만의 졸업식을 갖게 될 날이 멀지 않은 것 같다. 아무도 같이 놀아 주지 않으니까.

이럴 수는 없다. 학내 동아리들은 비슷한 배경을 가진 사람들이 함께하며 현재의 문제에 대해 비슷한 조망을 공유할 수 있는 장이어야 한다. 동아리는 학생들을 지원하고, 전투적이지 않은 방식으로 학생들의 의견을 관철하도록 돕기 위해 존재해야 한다. 학생들은 학생들대로, '반미적 소수자'가 아닌 미국의 젊은이로서 자기 캠퍼스로 돌아가야 한다.

그러나 현실에서 학생단체들은 돈과 캠퍼스의 온건한 학생들을 차지하려고 서로 싸우는 급진적인 파벌들로 갈라져 있다. 급진적인 언어가 난무하고, 급진적인 목표를 위해 싸우며, 결국은 학생들을 양극화하여 캠퍼스를 분열시킨다.

대학은 열린 마음, 열린 토론의 장인가? 이런 학생동아리들이 사라지기 전에는, 아니다. 미국은 더 이상 용광로가 아니다.

# 제10장

# 어떻게 할까

대학의 학생 세뇌는 미국의 젊은이들을 괴롭히고 있는 가장 심각한 문제다. 대학의 전면을 장식하는 객관성의 파사드 뒤로, 전체 학생집단에 심대한 영향을 끼치는 육중하고도 막강한 편견이 놓여 있다. 이 위기에서 실행 가능한 해결책을 찾기 위해 우리는 세 개의 근본적인 질문에 답해야 한다. 왜 대학들은 그토록 편향되었는가? 왜 학생들은 교수들의 언행을 액면 그대로 받아들이는가? 그리고 그것을 막기 위해 우리는 무엇을 할 수 있는가?

## 왜 편향되었는가

대학의 편향은 역사적으로 뿌리가 깊다. 대학교수들 사이에 급진주의가 확산되고 있다는 경고는 일찍이 1930년대부터 있어 왔다. 〈내셔널리퍼블릭〉의 로스코 도시는 경고했다. "부모들이 자기 아들이나 딸이 용납할 수 없는 공산주의나 그와 연관된 가르침에 오염되지 않으리라 안심하고 보낼 수 있는 대학은 거의 없다."[1]

지금은 보수주의자가 된 어빙 크리스톨은 뉴욕 시티칼리지에서 사회주의자로 보낸 생활을 이렇게 돌이킨다. "학교에 공화당원이 틀림없이 몇 명은 있었을 텐데, 나는 한 명도 만나지 못했고, 있다는 이야기조차 들어 보지 못했다." 당시 시티칼리지 학생은 약 2만 명이었다.[2]

초창기부터 대학교육의 목표는 열린 탐구라는 기치 아래 권위적 구조에 도전하는 것이었다. 최초의 교수는 아마 소크라테스일 것이다. 그는 돌아다니며 대중을 계몽하는 교사였다. 그는 전통 사상에 도전하는 데 전 생애를 바쳤고, 그 때문에 결국 '젊은이를 부패시킨 죄'로 재판받고 최후를 맞았다. 대학이 가르치는 내용에 관해 교황, 황제, 왕 들로부터 인가를 받아야 했던 중세에, 대학 제도는 그 일반적인 저항적 본성 덕분에 발전할 수 있었다. 나중에 대학은 종교기구가 되어, 학생들은 경건한 도덕의 경계 안에서 공부를 했다. 이 같은 종교 기반의 교육제도는 미국 건국 시대까지 이어졌다. 그러나 정교분리가 가속화되면서 학교에 대한 종교의 통제는 끝났고, 권위에 도전하는 소크라테스적 철학이 돌아왔다.

옛소련에서 보듯 권위적 구조가 악덕, 부도덕, 전체주의를 조장할 때, 교수들은 그것을 거부함으로써 소중한 존재가 되기도 했다. 이와 달리 권위적 구조가 미국처럼 민주적이고, 비 전체주의적이고, 고전적 자유주의적일 때, 교수들은 급진 좌파의 교설을 설파함으로써 이 구조에 도전한다. 오늘날 대학에서 일어나고 있는 일들은 이 후자에 속한다. 사회가 도덕을 이야기할 때 대학은 그 도덕에 저항한다. 사회가 자본주의를 수용할 때 대학은 자본주의에 도전한다. 사회가 미국을 지지할 때 대학은 미국을 비방하고 혐오한다.

교수들 자신 자기들의 저항적(즉, 좌파적) 경향을 순순히 시인한다. 로런스 에반스 교수(듀크대)는 이렇게 선언한다. "교수들 사이에 공화당원이 적은 것은 사실이다. 대학은 교수를 초빙할 때, 웬만큼 복잡한 문제도 분석하고 토론할 수 있고, 도전하기를 두려워하지 않는 사람을 찾는다. 그런 사람들은 통상 민주당에 표를 던진다. 그래서 어쨌다는 건가?"[3]

로버트 왓슨 교수(UCLA)에 의하면 "미국 사회 전체와 마찬가지로, 대학이 번성한 이유도 신념을 좌지우지하려 드는 권력의 본성에 저항하는 시스템을 갖추고 있기 때문"[4]이다. 교수들이 의문을 제기하는 대상은 "미국 문화의 자기숭배와 금전 숭배"[5]라고 한다.

## 왜 먹혀드는가

교수들이 리버럴 노선을 꾸준히 옹호한다 치자. 그런데 학생들에게 왜 그것이 먹혀드는가? 왜 대학생들은 교수들의 의식화 기도에 반발하지 않는가?

분명한 답은, 젊은이들이 순진하다는 것이다. 대학생들은 너무 순진한 나머지 자기 교수들의 동기를 알아보지 못한다. 학생들은 교수들의 편견을 검증하지 않고 모든 것을 액면 그대로 받아들인다. 학생들은 교수들에게 도전할 만한 도구, 기술, 지식을 갖추지 못했다. 가장 쉬운 길은 받아들이는 것이고, 그것이 가장 흔히들 가는 길이다. 만약 교수가 하늘이 초록색이라고 하면, 하늘은 초록색이어야 한다.

사회가 대학을 존중하면 존중할수록 학생들의 눈에는 교수들이 더 오류가 없는 사람으로 보인다. 미디어는 시사 문제에서 교수들에게 논평을 구한다. 부모들은 힘들여 번 돈으로 자기 아이들을 리버럴 대학에 보낸다. 따라서 학생들은 그곳에서 가르치는 교수들의 견해에 어떤 고유의 장점이 있을 것이라고 믿는다.

교수들은 학생들이 자신들에 대해 갖고 있는 깊은 존경심을 이용한다. 교수들은 학생들에게 "스스로 생각하라", "부모가 하는 말을 그대로 믿지 말라"고 말함으로써 자신을 도덕, 정치, 사회의 궁극의 권위로 승격시키고, 도덕적 중재자로서 부모의 역할을 무시하게 만든다. 그리고 학생들은 그 말에 넘어간다. 학생들은 원래 항상 부모에게 반항하고 있었으니까. 그리고 대학에서는 그것이 승인되고 축복받는 활동이므로.

## 무엇을 할 수 있는가

문제가 여러 가지 측면을 포괄하고 있으므로, 해결책도 다면적일 수밖에 없다. 다음은 긴 안목에서 그려 보는 몇 가지 부분적인 해결책들이다. 이런 해결책들을 종합하고 발전시키면 대학의 의식화와 싸울 장기계획도 수립해 나갈 수 있으리라 믿는다.

### 자금 회수

보수주의자들이 투자한 주류 대학에서 돈을 빼낸 뒤, 그 자금을 다시 제공하는 조건으로 공정한 강의를 요구하자.

단, 자금을 회수하는 것만으로 대학의 정책이 당장 바뀌지는 않을 것이다. 좌익과 외국의 자금 제공자들이 그 부족한 몫만큼을 가로채, 대학 환경에 더욱 깊숙이 리버럴의 이념을 침투시킬 것이기 때문이다. 예를 들면, 사우디아라비아에서는 유행처럼 미국의 대학들을 사들이는 경쟁이 불붙었다. 사우디 정부는 UC 안에 킹압둘아지즈 이슬람연구소를 창설했다.[6] 하버드대 로스쿨에는 킹파드 이슬람샤리아 연구소를 설치했다. 킹파이잘재단은 "과학, 의학, 아랍 문학, 이슬람 연구, 이슬람 공헌 분야의 괄목할 국제적 연구"를 위해 신진 무슬림 학생들에게 굵직한 장학금 혜택을 제공한다.[7] 이론적으로, 만약 보수주의자들이 대학에 낸 자금을 회수한다면 사우디아라비아가 주요 자금원이 되어 대학 정책을 좌지우지하게 될 것이다.

그래도 아래 보게 되듯 종합적인 계획의 일부로서 자금 회수는 유용한 한 단계가 될 수 있다.

### 스타트업 대학 설립

보수주의자들이 정치적으로 중도적인 대학을 설립하는 대중운동을 시작한다.

폭스뉴스 같은 중도파 채널의 성공이 뉴스 세계에 충격

을 준 일을 상기하자. CNN이 케이블 뉴스 채널을 지배하고 있을 때는 한쪽의 이야기밖에 들을 수 없었다. 그러다 폭스뉴스가 문을 열자 시청률이 그야말로 천장을 뚫었다. 시장이 있는 곳에 길이 있다.

중도 스타트업 대학 설립은 정치판의 양쪽 사람들을 다 불러 모은다는 것을 의미한다. 폭스뉴스를 모델로, 우파가 출자하는 중도 대학에서는 양쪽의 이야기를 다 말할 수 있어야 한다. 9·11의 책임을 미국에 돌리는 극단적 반미주의 같은 한쪽의 입장만 대변하는 것을 막아야 한다.

이런 대학들은 나라 세금에서 나오는 보조금도 받지 말아야 한다. 힐스데일칼리지가 좋은 선례다. 애써 출자해 설립한 대학이 나랏돈을 받는 순간, 연방정부가 부과하는 어리석은 규제들에 복종하게 되는 것이다.

주류 대학들에서 회수한 자금을 써야 할 곳이 바로 여기다. 자금을 빼는 것 자체가 목적이어서는 상황을 조금도 바꿀 수 없다. 그러나 주류 리버럴 대학들에서 뺀 돈을 새로운 균형 잡힌 대학으로 돌린다면, 기존 주류 대학들에게 모종의 '메시지'가 될 수 있다. 폭스뉴스가 자기네 시청자를 뺏아갔다는 위기감에 MSNBC 같은 케이블채널이 우클릭으로 균형을 회복한 것처럼, 주류 대학들도 중도를 지향하지 않으면 뒤처진다는 사실을 깨닫게 만들어야 한다.

## 새로운 대학평가 시스템

그러나 자금을 이리 빼서 저리 넣는 것만으로 스타트업 대학을 유지할 수는 없다. 대학에는 학생이 있어야 한다. 진짜 문제는, 알아주는 주류 대학에 갈 만한 유능한 학생들을 어떻게 하면 새로운 실험 대학으로 유치할 수 있느냐 하는 것이다.

학생들이 주류 대학에 가는 유일한 이유는, '시야를 넓힌다' 같은 식상한 얘기 말고, 그곳 졸업장이 직업적 전망을 보장해 주기 때문이다. '간판이 곧 돈'인 시스템에서, 유능한 학생 없이는 보수적인 스타트업 대학은 심각한 문제에 직면한다. 기업은 사람을 뽑을 때 출신 대학을 정당한 지표로 여겨, 〈US뉴스앤드월드리포트〉 같은 데서 발표하는 통상적인 대학 순위표의 맨 윗자리에 포진한 학교 출신을 선호한다. 예를 들어 〈US뉴스〉 대학평가표에서 버클리보다 하버드가 더 높은 데 있으면, 기업은 같은 등수라도 버클리보다 하버드 출신을 찾을 것이다. 전망 좋은 직장을 꿈꾸는 학생들도 버클리보다 하버드에 가고 싶어 할 것이다. 이것은 중도적 스타트업 대학의 사활이 달린 문제다.

대학 순위 평가 시스템들은 좌편향되어 있다. 〈US뉴스〉 대학평가에서 UC버클리는 언제나 힐스데일칼리지보다 상위에 있을 것이다. 힐스데일이 어떤 사람을 교수로 초빙해도 마찬가지다. 편향의 이유는 아주 간단하다. 〈US뉴스〉의 대학평가는 구조적으로 리버럴 대학의 평점을 높이 매기도록 구축되었기 때문이다. 〈US뉴스〉 평가 시스템에는 대학 관리자가 다른 대학을 평가하는 '동료 평가' 항목이 있다. 좌편향 대학끼리 서로 높이 평가하게 마련이다. 학생 1인당 지출액이 많을수록 교육이 좋다는 전제에서 '재정지원' 항목도 넣었다. 당연히 국공립대학들에 유리하다. 대학의 정원충원율과 입학생 수준도 참작한다. 좋은 대학이 계속하여 높은 평가를 받을 수밖에 없다.[8]

해결책은, 정평 있는 보수적 매체가 대학평가에 뛰어드는 것이다. 예를 들어 〈월스트리저널〉이 리버럴과 보수 학교에 다같이 공평하고도 정직한 순위를 발표한다면, 기업들이 자세를 고쳐 앉고 주목할 것이다. 〈US뉴스〉 대학평가에 없는 중요한 한 가지 기준은, 10년 후 졸업생의 평균 재정상태와 직장만족도다. 얼마나 많은 돈을 교수들 마음대로 쓰고, 얼마나 많은 동창들로부터 현금을 끌어모으는지에 따라 순위를 결정하는 〈US뉴스〉 시스템의 허점을 이런 항목으로 제압할 수 있다.

새로운 대학평가 시스템이 하루아침에 공신력을 얻을 수는 없을 것이다. 보수적인 기업 오너들은 바로 이런 데, 그들을 대변해 줄 '입'이 있는 여기에 돈을 쏟아부어야 한다.

의식화는 참교육이 아니라고 믿는다면, UCLA나 하버드 같은 리버럴 대학들의 우수 졸업생을 뽑던 자리에 보수적인 학교의 우수 졸업생들을 뽑아야 한다. 당장 보수주의자가 소유한 유수 기업부터 좌파 대학 졸업생들과 동등한 비율로 스타트업 대학의 졸업생을 고용하기 시작만 해도, 학생들이 몰려들기 시작할 것이다.

## 실행계획

결론적으로 3단계의 실행계획을 제안하고자 한다.

첫째, 리버럴 대학에 낸 돈을 빼내 보수적인 신설 대학으로 전환해서, 교수집단의 이념 분포가 균등해지도록 한다.

둘째, 대학평가 시스템의 반 보수 편향에 대처하고 고용 기업들에게 더 나은 자료를 제공하기 위해, 보수적인 뉴스 매체가 새로운 대학평가 시스템을 도입하고 정기적으로 발표한다.

셋째, 보수적인 기업은 새 평가 시스템의 장점을 알아보고 이를 채용 지침으로 활용하여, 신설되는 대학에 우수한 학생들이 지원하게 하는 인센티브가 되도록 한다.

이 실행계획은 장기 플랜이다. 세금 보조 없이 보수주의 자들의 자금만으로 운영되는 대학을 설립하기는 쉽지 않다. 대학평가 시스템이 하루아침에 인정받을 수도 없다.

따라서 단기 해결책은, 우리 각자가 가정에서 자녀들을 잘 키우는 일이다. 우리 부모님이 그랬듯 세상 부모들이 다 자기 자녀들을 흑백을 가릴 수 있도록 잘 가르친다면, 그 자녀들이 대학에 갈 나이가 됐을 때는 교수들의 리버럴 책동에 맞서 싸울 준비가 되어 있을 것이다.


## 학우들에게 호소함

스스로 생각하기를 간곡히 바란다. 말 그대로다. 보수 꼴통(그게 옳은 길이라고 나는 생각하지만)이 되라는 것이 아니다. 나의 바람은, 교수들에게 도대체 왜 그러는지 물어나 보자는 것이다. 교수들이 얼마나 사실을 왜곡하고 있는지, 수업을 자기 의견을 강요하는 장으로 변질시키는지, 촉각을 곤두세워서 보고, 질문하자는 것이다. 교수들을 변명할 처지로 내몰자. 다른 학생들도 교수들의 생각 속으로 빨려 들어가기 전에 '생각'을 하게 만들자.

배움의 진정한 지표는 생각할 줄 안다는 것이다. 교수들이 하는 말을 그대로 받아먹으면, 생각하는 법을 배울 수 없다. 그들이 바라는 대로만 생각할 수 있게 될 뿐이다. 그것이 바로 의식화고, 단순무식한 세뇌다.

우리가 생각해야 대학이 살고 나라가 산다.

# 인용 출처

## 들어가며

1) Robert M. Behrdahl, "Letter to the Editor: Berkeley: 'A Failure of Oversight' on Palestinian Poetics Course," *Wall Street Journal*, 17 May 2002.

2) Robert Stacy McCain, "Poll Confirms Ivy League Liberal Tilt," *Washington Times*, 15 January 2002.

3) Eleanor Yang, "Some see widespread liberal bias at colleges," *San Diego Union-Tribune*, 21 January 2003.

4) "The American Freshmen: National Norms for Fall 2001," Higher Education Research Institute, January 2002.

5) David H. Gellis, "Harvard Law School Professors Kick Off Liberal Legal Group," *Harvard Crimson*, 3 August 2001.

## 1. 강의실에 도덕은 없다

1) Stanley Fish, "Condemnation Without Absolutes," *New York Times*, 15 October 2001.

2) "NAS/Zogby Poll Reveals American Colleges Are Teaching Dubious Ethical

Leessons," NAS Press release, 2 July 2002.

3) John Leo, "At Postmodern U., professors who see no evil," *Jewish World Review*, 16 July 2001.

4) Sylvia Nasar, "Princeton's New Philosopher Draws a Stir," *New York Times*, 10 April 1999.

5) Dr. Paul R. Ehrlich, *The Population Bomb* (New York: Sierra Club-Ballantine, 1968), Prologue.

6) Paul Ehrlich, *Human Nature: Genes, Cultures and the Human Prospect* (New York: Penguin USA, 2002), 2.

7) Michelle Malkin, "Cop Haters Dearly Loved in Hollywood," *Capitalism Magazine*, 8 January 2001 재인용.

8) "Popular Music Under Siege," *ACLU Briefer*, http://www.aclu.org/library/pbr3.html.

9) Steve Lopez, "One Problem in Abu-Jamal's Crusade: He's Guilty," *Los Angeles Times*, 24 December 2001.

10) "Judge may reject Olson guilty plea," *Los Angeles Times*, 2 November 2001.

11) Sara Olson Defense Fund Committee 제공.

12) Sharon Cohen, "Anti-war radical tells his story," Associated Press, 26 September 2001.


## 2. 내로남불의 정치학

1) Phyllis Schafly, "Diversity Dishonesty on College Campuses," *The Phyllis Schafly Report*, April 2002.

2) Bruce Bartlett, "Conservative students versus their faculty," Townhall.com,

11 September 2003.

3) Jon Dougherty, "Campus commencements lean to left," WorldNetDaily. com, 3 September 2003.

4) Paul Kengor, "Reagan Among the Professors," *Policy Review Magazine*, December 1999.

5) Larry Elder, "Leftist bias in college — the denial continues," WorldNetDaily. com, 30 January 2003.

6) Veronica Aguilar, "Poll: students liberal, campus politics dull," *Tufts Daily*, Spring 2002.

7) Knight Stivender, "Student poll reveals disparity in party support," *Daily Beacon*, 5 November 1996.

8) Robert Maranto, "For true diversity, include conservatives," *Baltimore Sun*, 31 July 2003.

9) "Inauguration spells doom for democratic principles," Professor Roberr N. Watson, *UCLA Daily Bruin*, 8 January 2001.

10) Payam Mahram, "Inauguration ceremonies go unseen," *UCLA Daily Bruin*, 22 January 2001.

11) Nicholasi Zamiska, "Bush's Tax Cuts: A Shot in the Arm or the Foot?" *Yale Herald*, 30 March 2001.

12) "Bush's tax cuts: who benefits?" Institute for Public Accuracy, February 9, 2001.

13) "Bush's tax cuts: who benefits?"

14) "Election 2000 — Still 'The Economy, Stupid'? MIT Economists weigh in...," MIT Sloan School Press Release, 31 August 2000.

15) "The Ronald Reagan Home Page: Incomes," http://reagan.webteamone. com/incomes.cfm.

16) "The Ronald Reagan Home Page: Unemployment 1980-89," http://www. presidentreagan.info/unemployment.cfm.

17) Robert Watson, "Illogical, rude letters condemn too quickly," *UCLA Daily Bruin*, 25 February 2002.

18) Robert Watson, "Conservative outlook on economy not so great," *UCLA Daily Bruin*, 7 March 2002.

19) Geoffrey Nunberg, "On the bias," *Fresh Air*, 19 March 2002.

20) Thomas Hargrove and Guido H. Steimpel III, "Many voters see bias in newspaper stories," Scripps Howard News Service, 11 November 2000.

21) ABCNews.com, 22 July 2002.

22) UCLA Professor Steven Spiegel, Honors Collegium 97, Course Syllabus.

23) Samuel Kernell and Gary C. Jacobsen, *The Logic of American Politics* (Congressional Quarterly, 2000), 68.

24) "Welfare: Where do we go from here?: Opening Statements," *Atlantic Monthly* Roundtable, 12 March 1997.

25) "The Fallout of Welfare Reform," *Columbia University Record*, 20 September 1996.

26) "Welfare: Where do we go from here?: Opening Statements."

27) Robert Rector, "The Good News About Welfare Reform," Heritage Foundation, 20 September 2001.

28) "UF Law Professor Warns Social Security Privatization Could Endanger Retirement Prospects for Millions," *University of Florida Law School News-Online*,

10 July 2001.

29) Adrea Korthase, "Wayne St. discusses Bush's Social Security plans," *South End*, 11 February 2002.

30) "Raising minimum wage seems inevitable," CNN.com, 6 May 1996; Eric Roston, "How much is a living wage?" Time.com, 31 March 2002.

31) "Commentary: The Case for a Minimum-Wage Hike," *Business Week*, 2 February 1998.

32) Larry Elder, *The Ten Things You Can't Say in America* (New York: St. Martin's Press, 2000), 113.

33) Mary Lee Grant, "Texas poll: government should provide health care says 56 per-cent," Scripps Howard Texas Poll, 20 March 2000.

34) Sarah Beirute, "Brooker and Gillen face off on nationalized health care," *Oracle*, 15 April 2002.

35) Kathleen Maclay, "Researchers help define what makes a political conservative," UC Berkeley News, 22 July 2003.

36) Professor Robert Watson, "Johnson fails to accept need for dissent in life," *UCLA Daily Bruin*, 20 November 2001.

37) Danielle Gillespie, "Liberals, radicals, or just activists?" *University of Oregon Daily Emerald*, 5 March 2002.

38) Kernell and Jacobsen, *The Logic of American Politics*, 102.

39) Jim Powell, *FDR's Folly* (New York: Crown Forum, 2003).

40) Robert Stacy McCain, "Poll Confirms Ivy League Liberal Tilt," *Washington Times*, 15 January 2002.

41) Dexter Gauntlett, "Carnesale addresses US national security," *UCLA Daily*

*Bruin*, 1 March 2002.

42) "News Conference — Union of Concerned Scientists," Federal News Service, 2 May 2001.

43) McCain, "Poll Confirms Ivy League Liberal Tilt."

44) 이상 Debra Viadero, "Researchers at Center of Storm Over Vouchers," *Education Week*, 5 August 1998.

45) Kernell and Jacobsen, *The Logic of American Politics*, 489.

46) Kernell and Jacobsen, *The Logic of American Politics*, 344.

47) David Kaplan, "Professors sign statement opposing impeachment," *Rice News*, 12 November 1998.

48) "History professor testifies for Clinton," *New York Times*, 9 December 1998.

49) Jon Dougherty, "Campus commencements lean to left," WorldNetDaiIy. com, 3 September 2003.

50) Robert Salonga, "Student! protest UCLA's invitation of Laura Bush to speak at commencement," *UCLA Daily Bruin*, 20 February 2002.

51) Howard Kurtz, "Al Franken: Throwing Punches and Punch Lines," *Washington Post*, 28 August 2003.

52) Michelle Malkin, "What's so funny about abstinence, Al Franken?" Townhall.com, 22 August 2003.

## 3. 아직도 마르크스

1) "Comedy & Tragedy, 2003-2004," Young America's Foundation, 2003.

2) "Struik straddled words of mathematics, Marxist politics," *MIT Tech Talk*, 14 September 1994.

3) Professor Cornell West, http://www.afroamerica.net/west.html.

4) Brandon A. Evans, "Forum offers socialism a needed outlet," *Daily Illini*, 17 November 1998.

5) "The Great Reform of China: An Alternative View," Interview with Joshua Muldavin, *Intercom, Newsletter of ISOP*, Vol. 18, No. 7, May 1996.

6) UCLA Professor Joshua Muldavin, Geography 5, class discussion board, Winter 2001.

7) "Cuba's Isolation Fosters Challenges, Along with Charms for Medical Teams," *Stanford Medical Staff Update*, June 1999.

8) "Going Home Could Be Good for Elian's Health," *SLU Newslink*, 3 April 2000.

9) "The Living Streets of Havana," Ken Gewertz, *Harvard University Gazette*, May 9, 2002.

10) K. Watkins, "Free Trade and Farm Fallacies," *The Ecologist*, v. 25, Nov/Dec 1996.

11) Sarah H. Wright, "Merits of teaming capitalism and democracy discussed at colloquium," *MIT Tech Talk*, 18 October 2000.

12) Wright, "Merits of teaming capitalism and democracy discussed at colloquium."

13) Maureen McDonald, "Urban crisis is historian's theme," *Detroit News*, 14 February 2001.

14) Betsy Hart, "It's gettin' better all the time," *Jewish World Review*, 2 January 2001 재인용.

15) Elizabeth Goodman, "Ayn Rand's resurgence," *Penn State Digital Collegian*,

10 September 1999.

16) Teri Sforza, "Ayn Rand groups shrugs off old HQ," *Orange County Register*, 6 June 2002.

17) Jennifer Hagin, "Lawsuits bolster Fla. coffers," *Daily Tar Heel*, 10 April 2000.

18) John Creed, "USA: Oil Firms Fund 'Tobacco Terrorism'," *Anchorage Daily News*, 7 November 2001.

19) Joe Light, "A question of conflict: the university and tobacco," *Yale Daily News*, 7 December 2001.

20) Geraldine Sealey, "Whose fault is fat?" ABCNews.com, 22 January 2002.

21) Hugh Aynesworth, "Texas town sees Red as Marxist professor rides tenure track," *Washington Times*, 27 March 2002.

22) Eric Mann, *LA's Lethal Air: New Strategies for Policy, Organizing, and Action* (Los Angeles: Labor/Community Watchdog, 1991), 9.

23) Robert Watson, "Conservatives quick to excuse war crimes," *UCLA Daily Bruin*, 10 May 2001.

24) Robert Watson, "Johnson fails to accept need for dissent in life," *UCLA Daily Bruin*, 20 November 2001.

25) Dana Cloud, "Pledge for the workers," *Daily Texan*, 1 July 2002.

26) Mann, *LA's Lethal Air*, 46.

27) F. Lappe, J. Collins and P. Rossett, *World Hunger: Twelve Myths* (New York: Grove Press, 1998), 175.

28) Sean Axmaker, Amazon.com essential video, Editorial Review of *Roger and Me*.

29) Steve Pearlstein, "In Blossoming Scandal, Culprits Are Countless," *Washington Post*, 28 June 2002.

30) "NAS/Zogby Poll Reveals American Colleges Are Teaching Dubious Ethical Lessons," NAS Press Release, July 2, 2002, http://www.nas.org/print/pressreleases /hqnas/releas 02jul02.htm.

31) NBC News/*Wall Street Journal* Poll, July 19-21, 2002.

32) Steven Greenhouse, "Labor leaders and intellectuals are forging new alliance," *New York Times*, 22 September 1996.

33) "What We Stand For: Mission and Goals of the AFL-CIO," http://www. aflcio.org/aboutaflcio/about/mission/index.cfm.

34) Federal Elections Committee Report, 30 June 2002, opensecrets.org.

35) Lappe, Collins and Rossett, *World Hunger: Twelve Myths*, 175.

36) Thomas Sowell, *The Quest for Cosmic Justice* (New York: Free Press, 1999), 167.

37) Barry Commoner, "How Poverty Breeds Overpopulation," *Ramparts Magazine*, Aug/Sept 1975.

38) Mann, *LA's Lethal Air*, 71.

39) Paul Ehrlich, *Human Natures: Genes, Cultures, and the Human Prospect*, 322.

40) "Where We Stand," Democratic Socialists of America, http://www.dsausa. org/about/where.html.

41) "Our Structure," Democratic Socialists of America, http://www.dsausa.org/ about/structure.html.

42) Shelley Smithson, "Big Plan on Campus," *Grist Magazine*, 31 July 2002.

43) Smithson, "Big Plan on Campus."

44) Huck Gutman, "Changes of historic magnitude," DAWN.com, 11 August 2001.

45) Sallie Baliunas, "The Kyoto Protocol and Global Warming," *Imprimis*, March 2002.

46) Ronald Bailey, "Rebels Against the Future," *Reason Magazine Online*, 28 February 2001.

47) Neil Postman, "The Virtue and Intelligence of Moderation: An Address by Neil Postman," Regent University Journalism Conference, 28 February 1998.

48) Editorial Staff, "The Life and Deaths of DDT," *Wall Street Journal*, 14 June 2002.

49) "The Life and Deaths of DDT."

50) Ravi Batra, "Third World Agriculture: A Proutist Approach," *New Renaissance Magazine*, Volume 1, Issue 1, 1990.

51) Colin Morris, "Earth Institute's Jeffrey Sachs, Pedro Sanchez Address U.N. Goal of Eradicating Extreme Poverty By 2015 at Summit," *Columbia News*, 25 June 2003.

52) "PBS: Harvest of Fear: Interviews: Jane Rissler," 2001, http://www.pbs.org/wgbh/harvest/interviews/rissler.html.

53) Edward O. Wilson, "Building an Ethic," *Defenders Magazine*, Spring 1993.

54) "State of the Planet: Episode 1: Is there a crisis?," *BBC World*, August 10-11, 2002.

55) Philip S. Levine and Donald A. Levine, "The Real Biodiversity Crisis,"

*American Scientist Magazine*, January-February 2002.

56) Julian Simon, "Facts, not species, are periled," *New York Times*, 13 May 1993.

57) Edward O. Wilson, "Vanishing Point," *Grist Magazine*, 12 December 2001.

58) Wilson, "Vanishing Point."

## 4. 역(逆)차별적 인종주의

1) Bimal Rajkomar, "Minority admits at UC near pre-SP-1 levels," *UCLA Daily Bruin*, 4 April 2001.

2) Eli C. Minkoff and Pamela J. Baker, *Biology Today: An Issues Approach*, 196.

3) B. P. Giri, "CSAS Hosts Seminar and Panel Discussion on Afghanistan and Pakistan," *University of Virginia Center for South Asian Studies Newsletter*, Fall 2001.

4) Kelly Rayburn, "Students unite to remember the Holocaust," *UCLA Daily Bruin*, 10 April 2002.

5) Dinesh D'Souza, *Illiberal Education: The Politics of Race and Sex on Campus* (New York: Free Press, 1991), 5.

6) "Comedy & Tragedy, 2003-2004," Young America's Foundation, 2003.

7) History 330, Syllabus, Oberlin College Web site, http://www.oberlin.edu/faculty/dmaeda/hist330/.

8) Anne D. Neal, *Exfemina*, Independent Women's Forum, April 2001.

9) Samuel Kernell and Gary C. Jacobsen, *The Logic of American Politics* (Congressional Quarterly, 2000), 92.

10) Kernell and Jacobsen, *The Logic of American Politics*, 344.

11) Kelly Rayburn and Christian Jenkins, "Conference covers views on race, ethnicity issues," *UCLA Daily Bruin*, 29 May 2002.

12) Noel Ignatiev, Talk given at the conference "The Making and Unmaking of Whiteness," University of California, Berkeley, 11-13 April 1997.

13) Sara Russo, "Harvard University Fellow Advocates 'Abolishing the White Race,'" Accuracy in Academia, 10 September 2002.

14) *Schooled in Hate: Anti-Semitism on Campus*, Anti-Defamation League, 1997.

15) Vernellia R. Randall, "Institutional Racism in the US Health Care System: Statement to the Committee on the Elimination of Racial Discrimination," 24 January 2001, http://www.udayton.edu/~health/07HumanRights/WCAR02.htm.

16) Karen Feldschner, "Minorities seek greater respect," *Northeastern Voice*, http://www.voice.neu.edu/961024/survey.html.

17) Robert Stacy McCain, "Poll Confirms Ivy League Liberal Tilt," *Washington Times*, 15 January 2002.

18) John Mack Faragher, Mari Jo Buhle, Daniel Czitrom and Susan H. Armitage, *Out of Many: A History of the American People, Volume I: To 1877* (New Jersey, Prentice Hall, 1999), 88.

19) Faragher, Buhle, Czitrom and Armitage, *Out of Many: A History of the American People*, 100-101.

20) Robert Chrisman and Ernest Allen Jr., "Ten Reasons: A Response to David Horowitz," http://www.umass.edu/afroam/hor.html.

21) Chrisman and Allen Jr., "Ten Reasons: A Response to David Horowitz."

22) Jake Lilien, "David Horowitz to speak at Amherst College," *University of Massachusetts Daily Collegian*, 12 March 2002.

23) Michael Mitchell, "Controversy Comes to Campus: A Response to David Horowitz," *Legacy Magazine*, 2002.

24) Andrew Edwards, "UCLA faculty remembers course of events of riot," *UCLA Daily Bruin*, 29 April 2002.

25) Professor Donald E. Wilkes, "Lawlessness in law enforcement," *Campus Times*, 30 May 1991.

26) Phat X. Chiem, "The Verdict and the Violence," USC The Law School News Release, 29 April 2002.

27) "Building a Multiracial and Multiethnic Community in Los Angeles," *Inside Dominguez Halls*, December 2000/January 2001.

28) "Building a Multiracial and Multiethnic Community in Los Angeles."

29) Linda Deutsch, "The Legacy of Rodney King," ABCNews.com, 3 March 2001.

30) Lisa Estey, "Ebonics creator: language is a tool," *Times-Delphic Online*, 4 March 1997.

31) Tamina Agha, "Ebonics supported at discussion," *Northeastern News*, February 26, 1997.

32) Linda Prendez, "Debate over Ebonics masks racism," *Daily Forty-Niner*, 26 February 1997.

33) Eric M. Jukelevics, "UA professor defends bilingual education," *Arizona Daily Wildcat*, 3 February 1999.

34) Bimal Rajkomar, "Atkinson proposes dropping SAT I in admissions,"

*UCLA Daily Bruin*, February 20, 2001.

35) Robert Salonga, "College Board expands SAT I with writing section, more complex math," *UCLA Daily Bruin*, 1 July 2002.

36) June Kronholz, "No Pimples, Pools, or Pop," *Wall Street Journal*, 18 July 2002.

37) Crystal Betz, "Panelists address educational access issues," *UCLA Daily Bruin*, 1 February 2002.

38) Daniel Golden, "To Get Into UCLA, It Helps to Face 'Life Challenges'," *Wall Street Journal*, 12 July 2002.

39) Timothy Kudo, "Connerly proposes to bar ethnic questions," *UCLA Daily Bruin*, 15 February 2001.

40) Shauna Mecartea, "Petitions for privacy act underway," *UCLA Daily Bruin*, 27 April 2001.

41) Charles Proctor, "UCLA admissions probed," *UCLA Daily Bruin*, 22 October 2003.

42) Kim-Mai Culter and Janine Pliska, "Article Criticizes UC Berkeley Admissions," *UC Berkeley Daily Californian*, 7 October 2003.

## 5. 섹스의 전당

1) "And The Damned: Dartmouth's Worst," *Dartmouth Review*, 27 September 2002.

2) Sarah R. Buchholz, "Complaints prompt professor to remove sex material on Web," *University of Massachusetts Chronicle*, 14 April 2000.

3) "Gloria G. Brame, PhD, MPH," http://www.sexualhealth.com/experts/

viewexpert.cfm?ID=85.

4) Daniel J. Wakin, "Keep the Sex R-Rated, NYU Tells Film Students," *New York Times*, 4 December 2003.

5) Editorial, "Give film profs voice in policy," *Washington Square News*, 3 December 2003.

6) Wakin, "Keep the Sex R-Rated, NYU Tells Film Students."

7) Matt Smith, "Public Enema No. 2," *SF Weekly*, 23 February 2000.

8) Kim Curtis, "Gross-Out Artist," Associated Press, Copyright 2000.

9) Curtis, "Gross-Out Artist."

10) John Leo, "It's grin-and-bare-it time at U.C. Berkeley," Townhall.com, 4 March 2002.

11) Sarah Gold, "Gypsy Rose Coed," Salon.com, 12 May 1999.

12) Eric Rich, "Wesleyan Brings Porn Into The Classroom," *Hartford Courant*, 8 May 1999.

13) Associated Press, "Pornography classes proliferate on college campuses," *Portsmouth Herald*, 20 August 2001.

14) Dave Ranney, "Senator plans to watch videos from KU sex class," *Lawrence Journal-World*, 2 May 2003.

15) "Text of letter from KU liberal arts faculty supporting Dailey," *Lawrence Journal-World*, 19 May 2003.

16) Phyllis Schafly, "'Yale Five' Challenge Rule on Co-ed Dorms," *Education Reporter*, September 1998.

17) Anna Arkin-Gallagher, "'Yale Five' lose appeal in court," *Yale Daily News*, 12 January 2001.

18) Ken Sato, "College can be time of sexual learning as result of new freedoms," *Orion Dimensions*, 8 November 2000.

19) Paul C. Reisser, "The Painful Hook in 'Hooking Up'," *Physician Magazine*, November/December 2001.

20) Laura Kipnis, "Off Limits," *MSN Slate Magazine*, 2 January 2004.

21) Dan Froomkin, "Professor fights for right to sex with coeds," *Orange County Register*, 26 June 1994.

22) Stuart Silverstein and Rebecca Trounson, "Student-faculty trysts banned," *Detroit News*, 15 December 2002.

23) Silverstein and Trounson, "Student-faculty trysts banned."

24) Justin Scott, "UC May Ban Faculty-Student Romances, Sex," *Daily Nexus Online*, 15 May 2003.

25) Christopher Heredia, "S.F. State offers degree in sex," *San Francisco Chronicle*, 26 January 2002.

26) Thomas Jefferson, Andrew A Lipscomb, ed., *The Writings of Thomas Jefferson: Volume I* (Washington, D. C.: Thomas Jefferson Memorial Association, 1904), 226-227.

27) "UN group in 'showdown with religion'," WorldNetDaily.com, 8 August 2003.

28) Barbara Ortutay, "Transgender 101," *TenPercent*, Spring/Summer 2002.

29) "The ultra-fabulous and not-so glamorous homo class revue!" *TenPercent*, Winter 2002.

30) Susan Eckerman, "Class is Out," *TenPercent*, Fall 2001.

31) Randy Thomas, "Inching toward equality," *TenPercent*, Spring/Summer

2002.

32) Leslie Hague, "Same-sex benefits a possibility" *Daily Illini*, 19 July 2002.

33) Bill Schackner, "Pitt Pressured Anew on Same-Sex Benefits," *Pittsburgh Post-Gazette*, 5 April 2000.

34) Bill Schackner, "CMU board OKs same-sex benefits," *Pittsburgh Post-Gazette*, 23 March 2000.

35) Robert Stacey McCain, "Promoting Pedophilia," *Washington Times*, 19 April 2002.

36) Lynn Franey, "Processor defends writing on pedophilia," *Kansas City Star*, 31 March 2002.

37) McCain, "Promoting Pedophilia."

38) McCain, "Promoting Pedophilia."

39) Franey, "Professor defends writing on pedophilia."

40) Garry Willis, "Priests and Boys," *New York Times Review of Books*, 13 June 2002.

41) Jessica Cantelon, "Coming-of-Age Film Sparks Conservative Criticism," CNSNews.com, 31 July 2002.

42) Peter Singer, "Heavy Petting," *Nerve Magazine*, March/April 2001.

43) Marjorie Garber, *Dog Love* (New York: Simon and Schuster, 1996).

44) Garber, *Dog Love,* 144.

45) Editorial Board, "Community has right to patronize sex shop," *UCLA Daily Bruin*, 31 January 2002.

46) Marcelle Richards, "Recipes for Hot Sex," *UCLA Daily Bruin*, 9 May 2002.

47) Paul Shugar, "Smarter than the average woman (at least)," *Post Online*, 3

April 2003.

## 6. 신(神)이 떠난 골짜기

1) "Globalizadon and its Discontents," TIME Europe Web Exclusive, 30 January 2000.

2) Dalia Sussman, "Who Goes to Church?," ABCNews.com, 1 March 2002.

3) Maggie Gallagher, "Ivy-covered bias," Townhall.com, 23 January 2002.

4) Christina Jenkins, "Students explore distinctions of spirituality vs. religion in society," *UCLA Daily Bruin*, 19 February 2002.

5) Joyce Howard Price, "Princeton bioethicist argues Christianity hurts animals," *Washington Times*, 4 July 2002.

6) Paul Ehrlich, *Human Natures: Genes, Cultures, and the Human Prospect* (New York: Penguin USA, 2002), 257.

7) Gallagher, "Ivy-covered bias."

8) Eve Tushnet, "College students see the human face of abortion," *National Catholic Register*, 10-16 September 2000.

9) John Leo, "'Diversity' proponents should learn what the word means," *Jewish World Review*, 28 January 2002.

10) Geraldine Sealey, "Considering 'Partial-Birth' Ban," ABCNews.com, 24 April 2000.

11) Margaret A. Woodbury, "A doctor's right to choose," Salon.com, 24 July 2002.

12) Ken Gewertz, "The Right to Die," *Harvard Gazette*, 6 June 1996.

13) "The Hemlock Board," The Hemlock Society of USA Web site, hemlock.

org, 2003.

14) "Death with dignity national center: board and staff," Death with dignity Web site, deathwithdignity.org, 2003.

15) Jim Irwin, "Right-to-die movement working even without Kevorkian, backers say," Associated Press, 3 January 2000.

16) Gregg Krupa, "Few Kevorkian clients terminally ill," *Detroit News*, 7 December 2000.

17) Thomas Hargrove and Guido H. Stempel III, "75% say God answers prayers," *Detroit News*, 28 December 1999.

18) "Husker Biographies: Ron Brown," Huskers.com (The Official Site of Nebraska Athletics), 14 July 2003.

19) Paul M. Weyrich, "Stanford: Christians Need Not Apply," *Free Congress Commentary*, 23 April 2002.

20) Weyrich, "Stanford: Christians Need Not Apply."

21) Anne Edison-Swift, "Lawmakers weigh medical conscience concerns," Capital News Service, 19 October 2001.

22) Andrea Garrett, "Intolerant Tolerance: Anti-Christian Bigotry on Campus," *Christian Broadcasting Network News*, 10 July 2002.

23) Fouad M. Moughrabi, "A Special Relationship at Risk," *Washington Report on Middle Eastern Affairs*, April 1989.

24) Roger Kimball, "The Intifada Curriculum," *Wall Street Journal*, 9 May 2002.

25) "Fact Sheet on English R1A: 'The Politics and Poetics of Palestinian Resistance'," *Berkeley News*, 24 July 2002.

26) John Dudley, "Questions surround terrorist attack," *Student Printz*, 12 September 2001.

27) David Barsamian, "Intifada 2000: The Palestinian Uprising," Zmag.org, November 2000.

28) Edward Said, "Arafat is only interested in saving himself," Independent. co.uk, 20 June 2002.

29) Francis Boyle, "In Defense of a Divestment Campaign Against Israel," *CounterPunch*, 20 May 2002.

30) "Join Harvard-MIT Petition for Divestment from Israel," http://www. harvardmitdivest.org/petition.html.

31) "End the Israeli Occupation – DIVEST NOW!," http://www.princeton-divest.org.

32) "CU Divestment Campaign Signature List," http://www.columbiadivest. org/sig list,html.

33) "Signatories to the UMass Divest from Israel petition," http://www.unix.oit. umass.edu/~uri/Palestine/Signatures.htm.

34) Rachel Pomerance, "Divestment conference is a showdown," *Jewish News of Greater Phoenix*, 11 October 2002.

35) "University of California Petition for Divestment from Israel," http://www. ucdivest.org/petition.php#sigs.

36) Avi Davis, "The Jewish People's Fifth Column," Standwithus.com, 22 April 2002.

37) Kelly Rayburn, "Students unite to remember the Holocaust," *UCLA Daily Bruin*, 10 April 2002.

38) CBS News Poll, 15-18 April 2002.

39) "College students speak out," Americans for Victory over Terrorism, 2-12 May 2002.

40) "College students speak out."

## 7. "9·11은 미국 탓"

1) John Leo, "Campus hand-wringing is not a pretty sight," Townhall.com, 1 October 2001.

2) Jennifer W. Sanchez, "UNM professor's resignation sought over Sept. 11 comment," *Albuquerque Tribune*, 26 September 2001.

3) Walter Williams, "Elitist Contempt for American Values," *Capitalism Magazine*, 13 November 2001.

4) Peyton Knight, "'Progressive' America Haters," Conservative Monitor, October 2001.

5) Franklin Foer, "Disoriented," *New Republic Online*, 3 December 2001.

6) Williams, "Elitist Contempt for American Values."

7) Williams, "Elitist Contempt for American Values."

8) John J. Miller and Ramesh Ponnuru, "Code Red Herring," *National Review Online*, 1 October 2001.

9) "American Morning with Paula Zahn: Interview with Noam Chomsky, Bill Bennett," CNN.com Transcripts, 30 May 2002.

10) "Final List: Seminars on September 11," UCLA College of Letters and Sciences Web site, Fall Quarter 2001.

11) Lisa De Pasquale, "'Blame America First' Teaches Youth to Embrace Islam,"

*Washington Times*, September 8, 2002.

12) Ben Shapiro, "Effects of campus liberalism far-reaching," *UCLA Daily Bruin*, 20 November 2002.

13) Audrey Crummey, "Experts on terrorism meet in small on-campus forum," *UCLA Daily Bruin*, 13 November 2001.

14) "Islam, bioterrorism hot college classes," CNN.com, 4 September 2002.

15) Jennifer McNulty, "Social scientists weigh in on terrorist attacks," *UC Santa Cruz Currents Online*, 25 September 2001.

16) Marty Doorey, "Teach-in looks at factors that contributed to terrorism," *Inside BU*, 25 September 2001.

17) Paul Powers, "What are the basic practices and beliefs of Islam, and what is 'Islamic fundamentalism'?," Lewis and Clark College Official Web site.

18) "College students speak out," Americans for Victory Over Terrorism, 2-12 May 2002.

19) Peter Smith, "Clergy, others call for tolerance of foreigners and Muslims," *Louisville Courier-Journal*, 13 September 2001.

20) Megan Over, "Religion panel explores diversity," *New Media Index*, 13 April 2000.

21) "Muslim Educator Dr. Nadira K. Charaniya is keynote speaker for Hebrew Union College — Jewish Institute of Religion's Rhea Hirsch School of Education Yom Iyun (Day of Study)," *HUC-JIR News*, 25 September 2001.

22) Brandon Johnson, "Panel offers answers," *Campus Carrier*, 20 September 2001.

23) Peter Smith, "Sermons strive for comfort, some answers," *Louisville Courier-Journal*, 17 September 2001.

24) Marvin Pittman, "Understanding More about Islam," *Harvard Graduate School of Education News*, 4 October 2001.

25) *Koran* 3:19, 9:30, 19:88, 4:56, 4:160, 41:26, 48:29, 5:36, 5:82 등.

26) Pasquale, "'Blame America First' Teaches Youth to Embrace Islam."

27) Nancy Neff, "The politics of interpreting Islam," *On Campus*, 25 October 2001.

28) "Speaker: Terrorist Acts Inconsistent With Islam," *Advance on the Web*, 3 December 2001.

29) "Moyers in Conversation," PBS.org, 19 September 2001.

30) Jennifer McNulty, "Hundreds turn out for Middle East teach-in," *UC Santa Cruz Currents Online*, 1 October 2001.

31) "Professor Mark Berkson speaks to large First Friday crowd about Islam," *Hamline Weekly*, 4-11 January 2002.

32) "Speaker: Terrorist Acts Inconsistent With Islam."

33) "Anti-Abortion Site on Trial," Reuters, 27 January 1999.

34) David F. Forte, "Religion is Not the Enemy," *National Review Online*, October 19, 2001.

35) McNulty, "Hundreds turn out for Middle East teach-in."

36) Ann Coulter, "My name is Adolph," Townhall.com, 12 September 2002.

37) Megan Woolhouse, "Singled Out," *Courier-Journal*, 11 September 2002.

38) "Transcript of President Bush's Address," CNN.com, 21 September 2001.

39) "A Statement of Conscience: Not In Our Name," http://www.nion.us/

NION.HTM.

40) Williams, "Elitist Contempt for American Values."

41) Jon Dougherty, "Professors blame US for terrorisms," WorldNetDaily.com, 31 October 2001.

42) Debbie Gilbert, "Experts critical of war on terror," *Gainesville Times*, 11 September 2002.

43) McNulty, "Social scientists weigh in on terrorist attacks."

44) Gilbert, "Experts critical of war on terror."

45) McNulty, "Social scientists weigh in on terrorist attacks."

46) Brad Knickerbocker, "As 'axis of evil' turns, Bush sees no blur of right, wrong," *Christian Science Monitor*, 6 February 2002.

47) Peijean Tsai, "'Evil' comment elicits Iranian reaction," *UCLA Daily Bruin*, 25 February 2002.

48) Scott Norvell, "Tongue Tied: A Report from the Front Line of the Culture Wars," FoxNews.com, 24 September 2001.

49) Steve Sexton, "School-sponsored 9-11 Remembrance Day to exclude patriotic symbols and religious references," *California Patriot Online*, 4 September 2002.

50) L. Brent Bozell, "The Post Lauds a Lunatic," Media Research Center, 16 May 2002.

## 8. 반미(反美)를 넘어 혐미(嫌美)로

1) Rachel Landman, "Students, faculty stage war protest," *Amherst Student*, 20 November 2002.

2) Mark Goldblatt, "Bitter Taste of Academia," *National Review Online*, 11 March 2003.

3) Brian J. Foley, "Why Are We So Passive? Patriotic Protest for Professors," *CounterPunch*, 21 March 2003.

4) Professor Michael T. Klare, "Oiling the Wheels of War," *The Nation*, 7 October 2002.

5) Sarah H. Wright, "MIT community members rally to protest Iraq war," *MIT Tech Talk*, 2 April 2003.

6) Andrew Dys, "Anti-war voices ring out at rally," *Herald*, 14 February 2003.

7) Yehia El Mogahzy, "Wake up America," *Auburn Plainsman*, 23 January 2003.

8) Michael Rooke-Ley, "A plea for peace: US, Iraqi scholars gather in Baghdad to oppose war," *The Register-Guard*, 26 January 2003.

9) Carlos Ramos-Mrosovsky, "Visions of the Impossible: Truth, Falkhood, and International Relations," *Daily Princetonian*, 4 December 2002.

10) Michael Hardt, "Global Elites Must Realise That US Imperialism Isn't in Their Interest," *Guardian*, 18 December 2002.

11) Ronnie D. Lipschutz, "Pathways to Empire," *UC Santa Cruz Currents Online*, 9 September 2002.

12) Daniel Pipes and Jonathan Calt Harris, "Does Columbia U hate America?," *Jewish World Review*, 1 April 2003.

13) Alon Ben-Meir, "Behind Mr. Bush's Fixation on Saddam," Universal Press International, 29 September 2002.

14) Walt Brasch, "Scoring the US/Iraq War," *CounterPunch*, 16 November 2002.

15) David Usborne, "Bush forced to play down talk of war," *Arab News*, 11 August 2002.

16) Alan Elsner, "Domestic, personal issues may sway Bush on Iraq," Reuters, 9 August 2002.

17) Chalmers Johnson, "The Real Casualty Rate from America's Iraq Wars," *Znet*, 3 May 2003.

18) "Kerry's 'Regime Change' Comments Draw Fire," FoxNews.com, 3 April 2003.

19) "Kerry's 'Regime Change' Comments Draw Fire."

20) Kellia Ramares, "Preemptive impeachment," *Online Journal*, 4 January 2003.

21) "Members of MIT community rally to protest Iraq war," *MIT News*, 20 March 2003.

22) Ginny Meriam, "Protesters gather at UM to rally against war with Iraq," *Missoulian*, 21 November 2002.

23) Brianna Blake, "Protesters in D.M. decry plan for war," *Des Moines Register*, 31 January 2003.

24) Editorial, "The Case Against Iraq," *New York Times*, 6 February 2003.

25) Robert Jensen, "The US Drive to War: Smoking Guns and Big Guns," *CounterPunch*, 6 February 2003.

26) Cindy Yee, "Students, faculty protest for Iraq peace," *Chronicle Online*, 10 October 2002.

27) "Experts can discuss impact of possible war," *Purdue News*, 5 February 2003.

28) Majorie Cohn, "Invading Iraq Would Violate US and International Law," *JURIST: The Legal Education Network*, 2 September 2002.

29) "Members of MIT community rally to protest Iraq war," *MIT News*, 20 March 2003.

30) Scott Cawelti, "Bush is taking United States to wrong place," *Waterloo-Ceder Falls Courier*, 2 February 2003.

31) Leslie Scrivener, "Peace Activist Implores Pope to be 'Ultimate Human Shield'," *Toronto Star*, 6 March 2003.

32) Hugh Hewitt, "Commentary and Consequences," *Weekly Standard*, 26 March 2003.

33) Robert Digitale, "'Kill the President' Prof Won't Be Fired," *Press Democrat*, 22 July 2003.

34) Jim Sparkman, "'Kill the President' Prof at SRJC Answers Back, I Think," Chronwatch.com, 24 August 2003.

35) Ron Howell, "Columbia Prof's Remarks Spark Furor," New York Newsday.com, 28 March 2003.

36) David Horowitz, "Moment of Truth: For the Anti-American Left," Town-hall.com, 31 March 2003.

37) "Top 10 Activist Campuses," *Mother Jones*, October 2003.

38) Kate Zernike, "Professors Protest as Students Debate," *New York Times*, 5 April 2003.

## 9. 막장 대학신문과 동아리들

1) Editorial Board, "UC must respect human rights, divest," *UCLA Daily Bru-*

*in*, 8 July 2002.

2) Editorial Board, "Students must be wary of 'war on terrorism'," *UCLA Daily Bruin*, 22 September 2002.

3) Editorial Board, "Only faculty should decide course policies," *UCLA Daily Bruin*, 1 October 2002.

4) Editorial Board, "USAC correct in refusing nominees," *UCLA Daily Bruin*, 27 September 2002.

5) Editorial Board, "Carnesale should take a stand on RPI," *UCLA Daily Bruin*, 26 August 2002.

6) Editorial Board, "KU officials must continue to boost minority count," *University Daily Kansan*, 2 October 2002.

7) Jessie Childress, "Corporate contracts go deeper than what we're drinking," *University of Montana Kaimin Online*, 1 October 2002.

8) Editorial, "Our View: Bush's war not supported by international community, former commanders," *Idaho State University Bengal*, 25 September 2002 (Posted through October 8, 2002).

9) Editorial, "The Chronicle's View: Get with the recycling times," *University of Utah Chronicle*, 2 October 2002.

10) Cyrus Farivar, "*Daily Cals* Stolen, Replaced With Protester Flyers," *Daily Californian*, 25 October 2001.

11) "2001-2002 Base Budget Allocations," UCLA, http://students.asucla.ucla.edu/Funding/budget board info.html.

12) Peijean Tsai, "Students reflect on current situation in Israel," *UCLA Daily Bruin*, 9 May 2002.

13) "Undergraduate Students Association Programming Fund," UCLA, http://students.asucla.ucla.edu/Funding/board programming fund.html. 이 문서에는 나오지 않지만, MAS는 봄학기 '이슬람 바로알기 주간' 행사비로 2,408달러를 추가로 지원받았다.

14) Melody Hanatani, "Friend 'Friend of the court' filed for JSU's case, *UCLA Daily Bruin*, 20 January 2004.

15) "About Us," UCLA GALA, http://qa.gaybruins.com/.

16) "Constitution," Auburn Gay and Lesbian Association, http://www.auburn.edu/student info/agla/constitution.html.

17) "Harvard alumni urge return of banned ROTC," CNN.com, 11 October 2001.

18) Ben Shapiro, "Banned on campus," Townhall.com, 20 June 2002.

19) Bryan Chin, "You gotta have it: The 10 essential albums for every gay boy," *TenPercent*, Fall 2001.

20) Ben Lee Handler, "Heart-a-choking?," *TenPercent*, Winter 2002.

21) Mike Adams, "The thought police police," Townhall.com, 20 October 2003.

22) Jennifer Dunn, "Rethinking Romantic Love," *Q*News*, 24 June 2003.

23) Don Thompson, "Student groups probed for alleged terror ties," *Chicago Tribune*, 22 December 2001.

24) "AP irresponsibly links American Muslim Student Organizations to Terrorism," MSA National Press Release, 26 December 2001.

25) Adrienne Sanders, "Jews blast State hate," *San Francisco Examiner*, 17 May 2002.

26) MSA Pamphlet "Zionism: The Forgotten Apartheid."

27) "MSA National: A Time to Recover, Heal Our National Wounds," MSA National Press Release, 11 September 2002.

28) Rachel Makabi, "Reports link terrorist, student organizations," *UCLA Daily Bruin*, 8 January 2002.

29) Li'i Furumoto, "Fighting for Diversity in Our Schools," *Al-Talib*, December 2000.

30) Editorial staff, "Best of *Al-Talib*," *Al-Talib*, May 2001.

31) Editorial staff, "Crossing Unforseen Borders: Reflections on the Aftermath of September 11," *Al-Talib*, November 2001.

32) Hisham Mahmoud, "Guilt by Association: Islam Under Oath," *Al-Talib*, November 2001.

33) Salar Rizvi and Reem Salahi, "Muslims in America: Living in the Memory of 9/11," *Al-Talib*, November 2001.

34) Editorial staff, "They Came for Us," *Al-Talib*, February 2002.

35) "African Student Union, http://www.utdallas.edu/student/union/asu.html 및 "Welcome to the homepage of the African Students Association (ASA) at the University of Massachusetts, Amherst," ASA at University of Massachusetts, http://www.umass.edu/rso/african/mainpage.html 등 참조.

36) "El Plan Espiritual de Aztlán," http://www.panam.edu/orgs/MEChA/Aztlán.html 및 M.E.Ch.A. de UCLA, "State of Aztlán," *LA gente de Aztlán*, Winter 2002 참조.

37) LaTasha Johnson, "Graduating Chicano students hold private commencement," *GoldenGater*, 16 May 1996.

38) Marc Levin, "Commencement 2002 Achieve New Degree of Political Correctness," Newsmax.com, 18 June 2002.

19) Erik Lords, "At MSU, plans for pomp create friction," *Detroit Free Press*, 5 April 2002.

61) John Leo, "Now there are even separate graduation ceremonies," *Jewish World Review*, 17 April 2001.

## 10. 어떻게 할까

1) Robert Cohen, "Activist Impulses: Campus Radicalism in the 1930s," http://newdeal.feri.org/students/essay01.htm.

2) Irving Kristol, "From *Memoirs of a Trotskyist* by Irving Kristol," PBS Online, http://www.pbs.org/arguing/nyintellectuals krystol 2.html.

3) Lawrence Evans, "Voting IQs," Newsobserver.com, 23 September 2002.

4) Robert Watson, "Johnson fails to accept need for dissent in life," *UCLA Daily Bruin*, 20 November 2001.

5) Robert Watson, "Conservatives quick to excuse war crimes," *UCLA Daily Bruin*, 10 May 2001.

6) "Overview of kingdom's support for islamic studies worldwide," February 2002, http://www.saudiembassy.net/press release/02-spa/02-15-Islam.htm.

7) "Postdoctoral Researcher Receives Royal Support," *Around the School: News and Notices of the Harvard School of Public Health*, 10 December 1999.

8) Robert J. Morse and Samuel L. Flanigan, "How we rank schools," *US News and World Report*, http://www.usnews.com/usnews/edu/college/rankings/about/04rank brief.php.2004.

# 감사의 말

책을 준비하면서 수많은 사람들의 도움과 인도를 받을 수 있었던 것은 행운이었다. 이 책은 그분들의 지혜와 지원과 지지가 만든 것이다.

가장 먼저 그리고 가장 크게, 데이비드 림보 선생께 감사드려야겠다. 학자이고 젠틀맨이며 나에게는 다시없는 멘토이신 이분이 아니었더라면 이 책은 출판은커녕 집필도 하지 못했을 것이다. 정말로 고결하고 참된 의미에서 정의로운 분이다.

데이비드 던햄 대표를 비롯한 토머스넬슨/WND출판사 여러분께 감사드린다. 조악한 글이 말끔하게 다듬어져 한 권의 책으로 나오기까지, 편집을 책임져 준 (이하 존칭 생략) 조엘 밀러의 값으로 칠 수 없는 도움들에 특별히 감사하며, 함께 작업하는 것은 나에게도 각별한 즐거움이었음을 고백한다.

독립 칼럼니스트로 활동하도록 용기를 불어넣어 주고, 글을 쓰면서 신념을 놓지 않을 수 있었던 것은 릭 뉴컴을 비롯한 크리에이터스 신디케이트 여러분들 덕분이다. 이분들이 보여 준 더 큰 비전이 아니었더라면 나는 지금도 대학 신문에나 글을 쓰고 있었을 것이다.

매번 나의 칼럼을 다듬고 사실관계를 바로잡고 마감 전화를 하는 수고를 해 준 내 담당 편집자 캐서린 시어시에게 감사한다.

공부하는 즐거움을 알게 해 준 학우들과 스승님들의 이름을 빼놓을 수 없다. 총기 넘치는 애널리스트이자 더없는 친구 앤드루 브라이트바트, 다정다감하면서도 유머를 잃지 않고 해박한 지식으로 중심을 잡아 주는 앤 콜터, 글쓰기의 달인이며 샘솟는 정보들로 도움을 주는 존 펀드. 그리고 마이클 바론, 브래드 마이너, 배리 파버의 격려와 아이디어에도 감사한다.

내 외부 기고가 처음 실린 타운홀닷컴의 존 가스웨이트와 제니퍼 비디슨, 내 첫걸음을 따뜻하게 격려해 주고, 끊임없이 나 자신을 갈고 닦도록 자극해 준 두 사람에게 감사한다.

라디오 토크쇼 분야에 종사하는 모든 친구들에게 감사한다. 이들의 헌신이 나를 포함해 수백만의 미국인들을 변화

시켰다.

초등학교 때 캐롤라인 브럼 교장선생님이 빌려주신 『호빗』은 성취를 향한 열망이란 무엇인지를 어린 나에게 일깨워 주었다. 4학년 때 영어와 역사 과목 데비 지네티 선생님은 '장래가 촉망되던'으로나 기억될 삶을 살지 말라고 가르치셨다. 나춤 사우어 랍비님이 이끌어 주신 덕에 좁지만 바른 길을 걸을 수 있었다.

나의 칼럼과 책 얘기를 라디오 켜 놓은 듯 듣고 살아야 했던 나의 세 여동생들아, 고맙다. 질리는 내색 하나 없이 잘도 들어주더구나.

그리고, 든든한 독자 여러분. 여러분이 없다면 세상의 모든 말들은 의미 없는 몸짓들에 지나지 않을 겁니다.

끝으로, 차이를 만들어 낼 수 있는 능력과 기회를 주신 하느님, 감사합니다.

# 벤 샤피로의 세뇌 Brainwashed

미국 대학은 어떻게 좌경화되고 있는가

초판 1쇄 발행일 2018년 12월 26일
초판 4쇄 인쇄일 2021년 8월 25일

**지은이**  벤 샤피로
**옮긴이**  이남규
**펴낸이**  안병훈
**펴낸곳**  도서출판 기파랑
**디자인**  커뮤니케이션 울력
**등록**    2004년 12월 27일 제300-2004-204호
**주소**    서울특별시 종로구 대학로8가길 56(동숭동 1-49) 동숭빌딩 301호
**전화**    02-763-8996(편집부) 02-3288-0077(영업마케팅부)
**팩스**    02-763-8936
**이메일**  info@guiparang.com

' 샤피로, 2018

'-89-6523-634-4  03300